Lena Ronte

Asylantrag gestellt: Was dann?

Rechtliche Grundlagen
und Praxishinweise zum
Asylverfahren und zur
Familienzusammenführung

Vandenhoeck & Ruprecht

Ich danke meinem Mentor, Kollegen und Freund Roman Fränkel,
außerdem Andi, Astrid, Barbara, Helen und Stephan sowie
den Herausgeberinnen für ihre Unterstützung und Geduld bei
der Entstehung dieses Textes.

Mit einer Abbildung und 3 Tabellen

Bibliografische Information der Deutschen Nationalbibliothek:
Die Deutsche Nationalbibliothek verzeichnet diese Publikation in der
Deutschen Nationalbibliografie; detaillierte bibliografische Daten sind
im Internet über http://dnb.d-nb.de abrufbar.

Umschlagabbildung: Nadine Scherer

ISBN 978-3-525-45213-4

© 2018, Vandenhoeck & Ruprecht GmbH & Co. KG,
Theaterstraße 13, D-37073 Göttingen
Vandenhoeck & Ruprecht Verlage
www.vandenhoeck-ruprecht-verlage.com

Reihenredaktion: Silke Strupat
Satz: SchwabScantechnik, Göttingen
Druck und Bindung: ⊕ Hubert & Co. BuchPartner, Göttingen

Printed in the EU

FLUCHTaspekte

Geflüchtete Menschen psychosozial
unterstützen und begleiten

Herausgegeben von

Maximiliane Brandmaier
Barbara Bräutigam
Silke Birgitta Gahleitner
Dorothea Zimmermann

Gastherausgeberin: Ines Welge

Inhalt

Geleitwort der Reihenherausgeberinnen 11

1 Einleitung 15

2 Grundlagen des Asylrechts 16
  2.1 Rechtsquellen und Normenhierarchie 16
  2.2 Schutzformen im Asylrecht 20
    2.2.1 Asylberechtigung gemäß Art. 16a GG 21
    2.2.2 Flüchtlingsanerkennung gemäß
        § 3 AsylG 22
    2.2.3 Subsidiärer Schutz gemäß § 4 AsylG 26
    2.2.4 Abschiebeverbote gemäß
        § 60 Abs. 5–7 AufenthG 28
    2.2.5 Familienasyl gemäß § 26 AsylG 31
  2.3 Der Asylantrag 35

3 Ablauf des Asylverfahrens 36
  3.1 Ankunft, Registrierung und Verteilung 36
    3.1.1 Wo hat sich ein Asylsuchender/eine
        Asylsuchende für die Antragsstellung
        zu melden? 36
    3.1.2 Welche Personen sind berechtigt, einen
        Asylantrag zu stellen, und in welcher
        Form hat der Antrag zu erfolgen? 37
    3.1.3 Wie läuft das Registrierungs- und
        Verteilungsverfahren ab? 38
  3.2 Wie lange besteht die Wohnpflicht in der
    Erstaufnahmeeinrichtung? 39

3.2.1 Von der Erstaufnahmeeinrichtung
   in die Gemeinschaftsunterkunft 43
3.2.2 Wie lange besteht die »Pflicht«, in einer
   Gemeinschaftsunterkunft zu leben? . . . 44
3.3 Die förmliche Asylantragstellung 45
  3.3.1 Auf was muss der Antragsteller/die
     Antragstellerin bei der förmlichen
     Asylantragstellung vorbereitet sein? 48
  3.3.2 Anhörung zur Person 49
  3.3.3 Anhörung zur Bestimmung
     des zuständigen Mitgliedstaates 51
3.4 Aufenthaltsgestattung gemäß § 55 AsylG . . . 55
  3.4.1 Räumliche Beschränkung gemäß
     § 56 AsylG 55
  3.4.2 Erwerbstätigkeit gemäß § 61 AsylG . . . 57
  3.4.3 Integrationskurs und Sprachkurs 59
3.5 Erste Hürde: Dublin-Verfahren 59
  3.5.1 Was ist ein Dublin-Verfahren? 59
  3.5.2 Bestimmung des zuständigen
     Mitgliedstaates 60
  3.5.2.1 Art. 8 Dublin-III-VO
     Minderjährigenschutz 61
  3.5.2.2 Art. 9, 10 und 11 Dublin-III-VO
     Schutz der Familieneinheit 62
  3.5.2.3 Art. 12, 13, 14, 15 Dublin-III-VO
     Verursacherprinzip 66
  3.5.2.4 Art. 16 und 17 Dublin-III-VO
     der sogenannte Selbsteintritt 66
  3.5.3 Durchsetzung der Zuständigkeit 67
  3.5.4 Pflichten des BAMF 69
  3.5.4.1 Frist für Übernahmeersuchen 69
  3.5.4.2 Frist für Überstellung/Abschiebung 69
  3.5.5 »Anerkanntenproblematik« 72

3.6 Die persönliche Anhörung zu den Fluchtgründen – das Herzstück des Asylverfahrens 75

3.6.1 Die Ladung zur Anhörung 76

3.6.1.1 Ladung von Personen, die ihren
Wohnsitz außerhalb der EAE haben 76

3.6.1.2 Ladung von Personen, deren Wohnverpflichtung in der EAE fortbesteht 76

3.6.2 Verfahrensgarantien 77

3.6.3 Absehen von der Anhörung 79

3.6.4 Ablauf der Anhörung 81

3.6.5 Die Vorbereitung auf die Anhörung 83

3.6.5.1 Aufklärung der Betroffenen über
ihre Rechte im Asylverfahren 83

3.6.5.2 Inhaltliche Vorbereitung auf den
ersten Teil der Anhörung 84

3.6.5.3 Inhaltliche Vorbereitung auf den
zweiten Teil der Anhörung 85

3.7 Die Entscheidung über den Asylantrag und
die Zustellung des Bescheides 89

3.7.1 Die Zustellung der Entscheidung
§ 10 AsylG 89

3.7.1.1 Die Zustellung in einer Privatwohnung
oder Gemeinschaftsunterkunft 90

3.7.1.2 Die Zustellung in der EAE 90

3.7.2 Die Entscheidung über den Asylantrag 92

3.7.2.1 Die Anerkennung als Asylberechtigter/
Asylberechtigte gemäß Art. 16a GG 93

3.7.2.2 Die Zuerkennung der Flüchtlingseigenschaft gemäß § 3 AsylG 94

3.7.2.3 Die Zuerkennung des subsidiären
Schutzes gemäß § 4 AsylG 95

3.7.2.4 Abschiebeverbot gemäß § 60 Abs. 5
bis 7 AufenthG 97

3.7.2.5 Der Asylantrag wird als unbegründet
abgelehnt 99

3.7.2.6 Der Asylantrag wird gemäß
§ 29 Abs. 1 Nr. 1 oder Nr. 3 AsylG als
unzulässig abgelehnt 101
3.7.2.7 Der Asylantrag wird gemäß
§ 29 Abs. 1 Nr. 2 oder Nr. 4 AsylG als
unzulässig abgelehnt 104
3.7.2.8 Der Asylantrag wird gemäß
§ 29a AsylG in Verbindung mit
§ 30 AsylG als offensichtlich
unbegründet abgelehnt 107
3.7.2.9 Das Asylverfahren wird gemäß
§ 32 AsylG oder 33 AsylG eingestellt   113

4 Alle Rechtsmittel sind gescheitert,
die Abschiebung droht, was kann man tun?   119
4.1 Sonstige mögliche Aufenthaltsrechte   119
4.2 Liegen Duldungsgründe gemäß
§ 60a AufenthG vor?   119
4.3 Asylfolgeantrag gemäß § 71 AsylG
oder Zweitantrag gemäß § 71 a AsylG   120
   4.3.1   Folgeantrag gemäß § 71 AsylG   120
   4.3.2 Zweitantrag gemäß § 71a AsylG   122
4.4 Kirchenasyl   123
4.5 Härtefallkommission   125
4.6 Petition   127

5 Familienzusammenführung   128
5.1 Rechtliche Grundlagen des
Familiennachzugs zu Ausländern   128
5.2 Familiennachzug zu Asylberechtigten
und anerkannten Flüchtlingen   130
   5.2.1   Ehegatten und Kindernachzug   130
   5.2.1.1 Ehegattennachzug gemäß
           § 30 AufenthG   131
   5.2.1.2 Kindernachzug gemäß § 32 AufenthG   131

5.2.2 Besonderheiten beim Elternnachzug
gemäß § 36 Abs. 1 AufenthG 133
5.2.2.1 Was ist bei einem drohenden Eintritt
der Volljährigkeit im laufenden
Visumverfahren zu tun? 134
5.2.2.2 Können auch Geschwisterkinder mit
den Eltern zusammen einreisen? 136
5.3 Familiennachzug zu subsidiär
Schutzberechtigten 139
5.4 Nachzug zu Familienangehörigen mit
sonstigen humanitären Aufenthaltsrechten 141
5.5 Ablauf des Visumverfahrens 144
5.5.1 Vorbereitung und Vorsprache
bei der Botschaft 145
5.5.2 Das Zustimmungsverfahren
bei der Ausländerbehörde 154
5.5.2.1 Wie kann das Vorliegen einer
rechtmäßigen Ehe nachgewiesen
werden? 155
5.5.2.2 Nachweis der Abstammung und des
Sorgerechts beim Kindernachzug . . . 161
5.5.2.3 Außergewöhnliche Härte beim
Nachzug von sonstigen
Familienangehörigen 163
5.5.3 Zustimmung der Ausländerbehörde
und Visumerteilung 164
5.5.4 Was ist zu tun, wenn die Erteilung
der Visa abgelehnt wird? 165
5.5.5 Was ist nach der Einreise zu tun? 167
5.6 Fazit 168

6 Anhang 171
6.1 Abkürzungsverzeichnis 171
6.2 Ablauf des Asylverfahrens –
grafische Darstellung 173

Geleitwort der Reihenherausgeberinnen

Der Band »Asylantrag gestellt: Was dann? Rechtliche Grundlagen und Praxishinweise zum Asylverfahren und zur Familienzusammenführung« stellt einen wichtigen Beitrag zur Buchreihe »Fluchtaspekte – Geflüchtete Menschen psychosozial unterstützen und begleiten« dar. Die Rechtsanwältin Lena Ronte erläutert in ihm Schritt für Schritt die einzelnen Phasen des Asylverfahrens und schafft es dabei, dieses Rechtsgebiet auch für juristische Laien verständlich und anregend aufzubereiten. Dabei greift sie auf ihre umfangreiche berufliche Erfahrung zurück und illustriert die einzelnen Vorgehensweisen sowie komplexe Rechts- und Sachverhalte durch zahlreiche Praxisbeispiele, an denen typische und Ausnahmefälle deutlich werden. Besonders knifflige Konstellationen und Problemstellungen sowie Fallstricke im Verlauf des Asylverfahrens werden durch eigene Praxishinweise besonders hervorgehoben. Lena Ronte erreicht damit eines der wichtigsten Ziele dieser Reihe, nämlich (psycho-)soziale Fachkräfte und ehrenamtlich Engagierte in ihrer Arbeit mit geflüchteten Menschen mit theoretischem Hintergrund- und nützlichem Praxiswissen zu unterstützen.

Der Band beginnt mit einer Einführung in die Grundlagen des Asylrechts, wobei gleich zu Beginn der strukturierte Überblick über die relevanten Rechtsquellen Orientierung in der häufig unübersichtlichen Rechtslage zum Thema Asyl bringt. Eine Darstellung der möglichen Schutzformen zeigt anschaulich, in welchen Fällen welche Art von Schutz in der Bundesrepublik Deutschland erhalten werden kann.

Der umfassendste Teil des Buchs beschäftigt sich detailliert und Schritt für Schritt mit den einzelnen Phasen des Asylverfahrens. Dabei wird deutlich, dass viele Hürden ab dem Zeitpunkt der Einreise gemeistert werden müssen, beginnend mit der Registrierung über die Regelungen zur Wohnverpflichtung sowie die förmliche Asylantragstellung. Die Autorin erläutert, welche Rechte Personen, die sich im Asylverfahren befinden, in den Bereichen Wohnen, Arbeiten und dem Besuch von Sprach- und Integrationskursen zustehen. Aufgrund der Relevanz des Themas für die Praxis widmet sich ein eigenes Kapitel dem Dublin-Verfahren, wobei auch auf die Problematik von Menschen eingegangen wird, die in einem anderen EU-Staat eine Flüchtlingsanerkennung erhalten haben.

Das Buch kann für eine intensive Vorbereitung auf die Anhörung im Asylverfahren genutzt werden. Es gibt einen Überblick über die möglichen Ausgänge eines Asylverfahrens und die Konsequenzen für die Betroffenen. Angesichts der hohen Rate an Ablehnungen von Asylanträgen durch das BAMF ist der daran anschließende Überblick über mögliche Rechtsmittel im Falle eines negativen Bescheids sehr hilfreich. Besonders hervorzuheben ist der letzte Teil des Bandes, der einen instruktiven Leitfaden für die Begleitung eines Verfahrens zur Familienzusammenführung darstellt und Unterstützer/-innen dazu ermutigt und in die Lage versetzt, Geflüchtete bei diesen Schritten zu begleiten.

Wir freuen uns sehr, dass wir mit Lena Ronte eine Expertin auf dem Gebiet der asyl- und aufenthaltsrechtlichen Verfahren sowie der Familienzusammenführungen für diesen wichtigen Grundlagenband gewinnen konnten, und hoffen, dass die Lektüre Leserinnen und Leser bei der Herausforderung, eine geflüchtete Person durch das Asylverfahren und gegebenenfalls eine Familienzusammenführung zu begleiten, eine umfassende Orientierung bietet.

Maximiliane Brandmaier
Ines Welge (Gastherausgeberin)
Barbara Bräutigam
Silke Gahleitner
Dorothea Zimmermann

1 Einleitung

Im Folgenden soll ein Überblick über den Ablauf des Asylverfahrens, von der Einreise bis zur endgültigen Entscheidung über den Asylantrag, erfolgen. Insbesondere sollen die rechtlichen Grundlagen in vereinfachter Weise dargestellt und »greifbar« gemacht werden. Zum besseren Verständnis werden zu Beginn zunächst die wichtigsten Rechtsnormen für das Asylverfahren und deren Verhältnis zueinander dargestellt. Sodann erfolgt eine Darstellung des Asylverfahrens anhand der einzelnen Verfahrensabschnitte. Anhand von Praxishinweisen soll verdeutlicht werden, was in der Beratung im jeweiligen Verfahrensabschnitt zu beachten ist und wie der/die Betroffene bestmöglich unterstützt werden kann. Abschließend werden die möglichen Entscheidungsformen im Asylverfahren dargestellt und beschrieben, mit welchen Rechtsmitteln (gerichtlichen Verfahren) die Entscheidungen angegriffen werden können.

Im vierten Kapitel erfolgt eine kurze Darstellung, welche aufenthaltsrechtlichen Möglichkeiten, auch nach unanfechtbarem negativen Abschluss des Asylverfahrens, noch zu einer Aufenthaltssicherung führen können. Im fünften Kapitel werden die rechtlichen Grundlagen der Familienzusammenführung dargelegt. Im Anschluss wird beschrieben, wie ein Familienzusammenführungsverfahren in der Praxis abläuft. Anhand von Praxisbeispielen, werden Unterstützungsmöglichkeiten für eine Begleitung in einem Familienzusammenführungsverfahren aufgezeigt.

2 Grundlagen des Asylrechts

2.1 Rechtsquellen und Normenhierarchie

Das Asylrecht ist verschachtelt und gegenüber anderen Rechtsgebieten eigen. Dies liegt zum einen daran, dass die Rechte von Asylsuchenden immer weiter eingeschränkt werden und es deshalb einer Vielzahl spezieller Regelungen bedarf, die das allgemeine Verwaltungsrecht nicht zulassen würde (verkürzte Rechtsmittelfristen etc.). Zum anderen spielen im Asylrecht nicht nur nationale Normen eine Rolle, sondern auch Regelungen auf europäischer Ebene, die aus der vor Jahren in Ansatz gebrachten Idee eines gemeinsamen europäischen Asylsystems resultieren. Darüber hinaus enthalten völkerrechtliche Verträge wie die Genfer Flüchtlingskonvention, die Europäische Menschenrechtskonvention und die UN-Kinderrechtskonvention Regelungen, die das Asylverfahren mitbestimmen bzw. die im Rahmen des Asylverfahrens Relevanz besitzen.

Die unterschiedlichen Normen stehen in einem strengen Rangverhältnis zueinander (sogenannte Normenhierarchie). Wie Tabelle 1 zeigt, sind hierbei drei Rangebenen zu beachten, die nachfolgend kurz näher erläutert werden.

Tabelle 1: Auswahl primärer Rechtsquellen zum Asylverfahren

	International	EU[1]	Bund	Länder
1. Ebene		EU-Grund-rechtecharta, DublinV-Richt-linien (vor allem Qualifikations-, Verfahrens-, Aufnahme- und RückführungsRL)	Grundgesetz	
2. Ebene	Europäische Menschenrechts-konvention, Genfer Flüchtlings-konvention, UN-Kinderrechts-konvention		Aufenthaltsgesetz Asylgesetz AufenthV BeschV	
3. Ebene				Gesetze Verord-nungen Erlasse

Erste Ebene: Grundgesetz (Art. 16a GG), Europarecht (Euro-päische Grundrechtecharta, Dublin-III-Verordnung, Quali-fikationsrichtlinie, Aufnahmerichtlinie, Rückführungsricht-linie etc.). Klar ist, dass das Grundgesetz auf der obersten Ebene anzusiedeln ist. Es mag zunächst verwundern, dass auch das Europarecht hier erscheint. Wir lernen bereits in der Schule, dass das Grundgesetz an oberster Stelle zu ste-hen hat. Dies ist jedoch juristisch nur bedingt richtig. Das Europarecht steht in der Rechtsordnung nämlich zunächst über dem Verfassungsrecht. Denn das Europarecht genießt einen sogenannten Anwendungsvorrang, das heißt, wenn es zu einem bestimmten Lebenssachverhalt sowohl eine na-tionale wie auch eine europarechtliche Norm gibt, hat die europarechtliche Norm Vorrang, auch wenn es sich hierbei

---

1   Alle fachsprachlichen und die Rechtsquellen betreffenden Ab-kürzungen sind im Abkürzungsverzeichnis im Anhang auf-geführt (S. 169).

um eine verfassungsrechtliche Norm handelt. Ohne den Anwendungsvorrang wäre das Europarecht letztlich wirkungs-
los, da die einzelnen EU-Staaten sich durch nationale Regelungen einem gemeinsamen und verbindlichen Konsens
entziehen könnten.

Zweite Ebene: Bundesgesetze (AsylG, AufenthG), völkerrechtliche Verträge (GFK, EMRK, UN-KRK). Bundesgesetze
sind Normen, die für das gesamte Bundesgebiet gelten, das
heißt, wenn es auf Länderebene eine Regelung zum gleichen Lebenssachverhalt gibt, hat das Bundesgesetz Vorrang. Völkerrechtliche Verträge sind Vereinbarungen, die
zwischen Staaten getroffen werden. Sie binden zunächst
die unterzeichnenden Staaten untereinander. Sie regeln jedoch nicht zwingend, auf welche Weise der einzelne Staat
seine Rechte und Pflichten aus dem Vertrag gegenüber dem
Einzelnen (Bürger) zu gewährleisten hat. Um aus völkerrechtlichen Verträgen subjektive Rechte für den Einzelnen/
die Einzelne ableiten zu können, bedarf es entweder einer
Umsetzung in das nationale Recht (GFK wurde durch die
Qualifikationsrichtlinie und das AsylG umgesetzt) oder
einer ausdrücklichen Regelung in dem Vertragswerk selbst
(EMRK, die eine unmittelbare Anwendung der Konvention
zulässt). Die Kinderrechtskonvention wurde von der BRD
bereits 1992 ratifiziert, allerdings mit dem Vorbehalt, dass
ausländerrechtliche Vorschriften Vorrang vor der Konvention hatten. Erst im Jahr 2010 hat die BRD diesen Vorbehalt zurückgenommen, so dass die UN-KRK nunmehr
auch unmittelbar anzuwenden ist.

Dritte Ebene: Landesrecht (Gesetze, Verordnungen, Erlasse). Bestimmte Regelungsbereiche können auf Länderebene normiert werden, zudem steht den Ländern in bestimmten Bereichen die Möglichkeit zu, Bundesgesetze
durch Erlasse und Verordnungen zu konkretisieren

bzw. vorzugeben, wie bestimmte Bundesgesetze im Verwaltungsverfahren umzusetzen sind. So kann zum Beispiel gemäß § 12a AufenthG (Bundesgesetz) eine sogenannte Wohnsitzauflage für Flüchtlinge erlassen werden. Mit Erlass vom 24. Juli 2017 hat das Hessische Innenministerium geregelt, unter Beachtung welcher Kriterien und auf welche Weise die Wohnsitzauflage zu verfügen ist.

Erläuterungen zum EU-Recht

EU-Verordnungen (wie z. B. die Dublin-III-VO) und EU-Richtlinien (wie z. B. die Qualifikationsrichtlinie, die Verfahrensrichtlinie und die Familienzusammenführungsrichtlinie) spielen in der weiteren Darstellung eine wichtige Rolle. Deshalb folgt eine kurze Erläuterung zu deren Rechtscharakter und Unterscheidung:

Eine *Verordnung* ist ein Rechtsakt mit allgemeiner Wirkung und Wirksamkeit. Regelungen aus EU-Verordnungen sind folglich unmittelbar anwendbar. Es bedarf somit keines weiteren Rechtsaktes und keiner Umsetzung in nationales Recht.

Eine *Richtlinie* ist ein Rechtsakt, der vorerst keine unmittelbare Anwendung findet. Mit einer Richtlinie wird zunächst ein gemeinsames Ziel der EU-Mitgliedstaaten formuliert. Die einzelnen Staaten haben dann die Möglichkeit, eigene nationale Rechtsnormen zu erlassen, mit der die Umsetzung dieses Ziels auf nationaler Ebene erreicht werden soll. Allerdings sehen EU-Richtlinien regelhaft eine bestimmte Frist vor, innerhalb der die Umsetzung in nationales Recht zu erfolgen hat. Nach Ablauf dieser Frist findet die Richtlinie dann unmittelbare Anwendung. Mitgliedstaaten können sich also durch eine Verweigerung der Umsetzung oder eine nur teilweise Umsetzung nicht entziehen. Für alle genannten Richtlinien ist die Umsetzungsfrist bereits abgelaufen, so dass sie auch dann gelten, wenn der nationale Gesetzgeber die Umsetzung »verschlafen« hat.

2.2 Schutzformen im Asylrecht

Mit dem Asylantrag können die nachfolgend aufgeführten
Schutzformen vom Bundesamt für Migration und Flüchtlinge (BAMF) zuerkannt bzw. festgestellt werden. Alle aufgeführten Schutzformen führen zu einem Aufenthaltsrecht
in der BRD. Sie sind jedoch keinesfalls als gleichwertig anzusehen. Ein befreundeter fußballaffiner Kollege hat das
in seiner Vorlesung wie folgt beschrieben: »Eine Asylberechtigung oder eine Flüchtlingsanerkennung sind wie
ein 3:0. Ein subsidiärer Schutz ist wie ein 2:0, die Feststellung von Abschiebeverboten wie ein 1:0.« Mein Kollege hat recht, natürlich hat man erstmal »gewonnen«,
wenn man grundsätzlich bleiben darf. Die Frage ist jedoch, unter welchen Bedingungen und mit welchen Möglichkeiten.

Maßgeblich dafür, wie hoch man gewonnen hat, um
bei dem Fußballbeispiel zu bleiben, ist die Gültigkeitsdauer der ersten Aufenthaltserlaubnis, die Möglichkeit
der Familienzusammenführung, der zeitnahe und un-
komplizierte Zugang zu einem unbefristeten Aufenthaltsrecht (die sogenannte Niederlassungserlaubnis)
sowie eine weitere Verfestigung des Aufenthalts (die
Einbürgerung). Mit der Asylberechtigung wie auch der
Flüchtlingsanerkennung erhalten die Betroffenen zudem
einen GFK-Reiseausweis, dieser gewährleistet die größt-
mögliche Freizügigkeit.

Die Schutzformen sind in ihrer Rangfolge von »sehr gut«
bis »okay« aufgeführt, in dieser Rangfolge hat das BAMF
im Übrigen auch die Prüfung des Asylantrages durchzuführen.

2.2.1 Asylberechtigung gemäß Art. 16a GG

Gemäß Art. 16a GG ist politisch Verfolgten Asyl zu gewähren. Eine politische Verfolgung wird in der Regel bei
Gefahr für Leib oder Leben angenommen, bei einer In-
haftierung oder anderen Verletzungen der Menschen-
würde aufgrund von Rasse, Religion, Nationalität, politischer Überzeugung oder bei der Zugehörigkeit zu einer
bestimmten sozialen Gruppe. Die Verfolgung muss zielgerichtet gegen eine bestimmte Person oder Gruppe gerichtet sein. Im Unterschied zum Flüchtlingsbegriff im
Sinne der Genfer Flüchtlingskonvention (GFK) muss eine
politische Verfolgung grundsätzlich vom Staat ausgehen.
Das Asylgrundrecht greift nicht, wenn eine sogenannte
innerstaatliche Fluchtalternative besteht. Eine innerstaatliche Fluchtalternative liegt vor, wenn der/die Betroffene
innerhalb seines/ihres Herkunftsstaats in einer anderen
Region als seiner/ihrer Herkunftsregion Schutz vor der
ihm/ihr drohenden Verfolgung erlangen kann und es ihm/
ihr zugemutet werden kann, sich dort anzusiedeln. Es dürfen zudem keine Ausschlussgründe vorliegen. Da diese
nicht gesetzlich geregelt sind, wird hierfür auf die Rechtsprechung sowie die Ausschlussgründe für die Flüchtlingsanerkennung und den subsidiären Schutz zurückgegriffen.

Bis 1993 wurde das Recht auf Asyl schrankenlos gewährt. Durch eine umstrittene Verfassungsänderung im
Jahr 1993 wurde das Asylgrundrecht gemäß Art. 16a GG
massiv eingeschränkt. Politisch Verfolgte können sich seitdem nur noch auf das Asylgrundrecht berufen, wenn sie
nicht über einen sicheren Drittstaat (alle Mitgliedstaaten
der EU sowie Norwegen und die Schweiz) eingereist sind.
Da die Bundesrepublik Deutschland ausschließlich von
sicheren Drittstaaten umgeben ist, findet das Asylgrundrecht nur noch Anwendung, wenn die Asylsuchenden
über den Luftweg in die BRD eingereist sind und dies
auch mit Nachweisen belegen können. Kann der Nach-

weis der Einreise über den Luftweg nicht geführt werden,
greift § 3 AsylG (Flüchtlingsanerkennung). Da die Rechtsfolgen der Flüchtlingsanerkennung (§ 3 AsylG) und der
Asylberechtigung (Art. 16 GG) identisch sind, macht es
für die Betroffenen keinen Unterschied, welche Norm für
sie greift.

Fallbeispiel

Ein türkischer Journalist, der bereits in der Türkei aufgrund
seiner staatskritischen Veröffentlichungen Verfolgungsmaß-
nahmen ausgesetzt war (z. B. Haft), reist mit dem Flugzeug
von Istanbul kommend in die BRD ein und stellt einen Asylantrag. Die Nachweise über seine direkte Einreise (Flugtickets
etc.) legt er bei der Antragsstellung vor. Ist er nicht in der
Lage seine Einreise über den Luftweg nachzuweisen, kann
er sich nicht auf Art. 16a GG berufen.

Asylberechtigte nach Art. 16a GG erhalten nach ihrer An-
erkennung eine Aufenthaltserlaubnis gemäß § 25 Abs. 1
AufenthG für drei Jahre, sie können unter privilegierten
Bedingungen ihre Familie nachziehen lassen und ihren
Aufenthalt erleichtert verfestigen. Zudem erhalten Sie
einen Reiseausweis nach der GFK, den »blauen Pass«. Die
Erwerbstätigkeit wird uneingeschränkt erlaubt.

2.2.2 Flüchtlingsanerkennung gemäß § 3 AsylG

Asylantragstellenden wird die Flüchtlingseigenschaft gemäß § 3 AsylG zuerkannt, wenn sie sich aus begründeter
Furcht vor Verfolgung wegen ihrer Rasse, Religion,
Nationalität, politischen Überzeugung oder Zugehörigkeit zu einer bestimmten sozialen Gruppe außerhalb
ihres Herkunftslandes befinden. Die Verfolgung muss,
wie auch bei der Asylberechtigung, zielgerichtet statt-

finden. Sie kann im Gegensatz zu Art. 16a GG nicht nur vom Staat, sondern auch von sogenannten nichtstaatlichen Akteuren (z. B. von einer Bürgerkriegspartei oder auch von Familienangehörigen) ausgehen, wenn der Herkunftsstaat selbst nicht in der Lage oder nicht willens ist, die betroffene Person vor Verfolgung zu schützen. Wie auch bei Art. 16a GG darf dem Antragsteller/der Antragstellerin keine innerstaatliche Fluchtalternative zur Verfügung stehen.

Fallbeispiel

Ein somalischer Staatsangehöriger wurde von Milizionären der Al-Shabaab (radikal-islamische Miliz) zwangsrekrutiert. Er wurde in ein Lager gebracht, in dem er ausgebildet werden sollte, um in den Djihad zu ziehen. Nach einigen Tagen gelang ihm die Flucht. Er floh zunächst zu Verwandten aufs Land, von wo aus seine sofortige Ausreise organisiert wurde. Wenige Tage später floh er zunächst nach Äthiopien, dann weiter über den Sudan, die Sahara, Libyen, das Mittelmeer und Italien bis nach Deutschland. Dem Antragsteller droht im Falle einer Rückkehr nach Somalia eine Verfolgung durch die Al-Shabaab. In den Augen der Al-Shabaab gilt jede Person, die sich ihren Befehlen oder Dekreten widersetzt, als »ungläubig« und damit als Person, die es zu bestrafen bzw. zu eliminieren gilt. Personen, die sich der Zwangsrekrutierung entziehen, gelten als Deserteure. Die Verfolgung knüpft an die politisch-religiöse Einstellung des Antragstellers an, da er die radikal-islamische Ideologie der Al-Shabaab und deren »heiligen Krieg« ablehnt und sich nicht an diesem beteiligen will. Staatlichen Schutz kann er – aufgrund des Fehlens funktionierender staatlicher Strukturen – nicht erlangen. Da er auf dem Landweg eingereist ist, kann er sich nicht auf Art. 16a GG berufen.

Gleiches würde für eine somalische Frau gelten, die sich durch ihre Flucht einer Zwangsverheiratung mit einem Milizionär der Al-Shabaab entzogen hat oder aus einer bereits bestehenden Zwangsehe geflohen ist. Die geschlechtsspezifische Verfolgung (z. B. sexuelle Gewalt oder Zwangsverheiratung) fällt unter das Merkmal »bestimmte soziale Gruppe« und wird vom BAMF leider häufig außer Acht gelassen. Ein weiterer Fall der geschlechtsspezifischen Verfolgung ist die drohende Genitalverstümmelung.

Fallbeispiel

Ein Mädchen sollte in Somalia genitalverstümmelt werden. Die Verstümmelung von Mädchen und Frauen wird in Somalia landesweit praktiziert. Die Verstümmelungsrate liegt bei über 98 %. Weder ihre Eltern noch staatliche Stellen können die Antragstellerin vor einer Genitalverstümmelung schützen. Dem Staat fehlen die notwendigen staatlichen Strukturen. Die Eltern verstoßen mit der Entscheidung, die Antragstellerin nicht beschneiden zu lassen, gegen traditionelle bzw. gesellschaftliche Normen. Sie laufen selbst Gefahr von Familienangehörigen ausgegrenzt, diskriminiert oder von ihren (Clan-)Familien – deren Unterstützung lebensnotwendig ist – verstoßen zu werden. Es kommt zudem vor, dass Mädchen/Frauen von Familien- bzw. Clanangehörigen gegen den Willen der Eltern zwangsweise verstümmelt werden. Der Antragstellerin ist die Flüchtlingsanerkennung zuzuerkennen. Es handelt sich um einen klassischen Fall der geschlechtsspezifischen Verfolgung.

Es dürfen zudem keine Ausschlussgründe gemäß § 3 Abs. 2, 3, 4 AsylG oder § 60 Abs. 8 vorliegen. Die Flüchtlingsanerkennung ist demnach nicht zuzuerkennen, wenn der/die Betroffene im Verdacht steht, ein Verbrechen gegen den Frieden oder die Menschlichkeit, eine besonders schwere nicht politische Straftat, eine politische Straftat (Terrorismus) oder eine Zuwiderhandlung gegen die Grundsätze der Vereinten Nationen begangen zu haben oder auf andere Weise an einer dieser Taten beteiligt gewesen zu sein.

Gemäß § 60 Abs. 8 AufenthG darf der Antragsteller/die Antragstellerin nicht aus schwerwiegenden Gründen als eine Gefahr für die Sicherheit der Bundesrepublik Deutschland anzusehen sein. Eine Gefahr für die Allgemeinheit liegt demnach vor, wenn er/sie wegen eines Verbrechens oder besonders schweren Vergehens rechtskräftig zu einer Freiheitsstrafe von mindestens drei Jahren verurteilt worden ist. Auch eine Verurteilung im Ausland kann herangezogen werden, soweit dem Delikt nach dem deutschen Strafrecht ein vergleichbar schweres Gewicht zukommt, was zumindest bei Verurteilungen innerhalb der EU in der Regel der Fall sein dürfte. Ein Ausschlussgrund kann auch vorliegen, wenn der Asylantragsteller/die Asylantragstellerin eine Gefahr für die Allgemeinheit darstellt, weil er/sie wegen einer oder mehrerer vorsätzlicher Straftaten gegen das Leben, die körperliche Unversehrtheit, die sexuelle Selbstbestimmung, das Eigentum oder wegen Widerstands gegen Vollstreckungsbeamte rechtskräftig zu einer Freiheits- oder Jugendstrafe von mindestens einem Jahr verurteilt worden ist, sofern die Straftat mit Gewalt, unter Anwendung von Drohung mit Gefahr für Leib oder Leben oder mit List begangen worden ist oder eine Straftat nach § 177 des Strafgesetzbuches ist.

Die erheblichen Einschränkungen in § 60 Absatz 8 AufenthG sind Resultat des Handlungsdrucks, dem die Bundesregierung aufgrund der Geschehnisse in der Silvesternacht in Köln 2015 ausgesetzt war. Es wurden im Schnellverfahren Regelungen getroffen, die wohl insbesondere den Bürgerinnen und Bürgern Härte und Handlungsfähigkeit vermitteln sollen. Die Frage der »Asylunwürdigkeit« steht hier nicht mehr zur Debatte, sondern ausschließlich eine polizeirechtliche Gefahrenvorsorge. Diese dürfte den Maßstab der GFK, die einen Ausschluss im Falle einer »Gefahr für die Sicherheit des Landes oder die Allgemeinheit« bestimmt, weit überschreiten.

Flüchtlinge erhalten nach ihrer Anerkennung eine Aufenthaltserlaubnis gemäß § 25 Abs. 2 S. 1 Alt. 1 AufenthG für drei Jahre, sie können unter privilegierten Bedingungen ihre Familie nachziehen lassen (weitere Informationen zur Familienzusammenführung finden Sie im fünften Kapitel) und können ihren Aufenthalt erleichtert verfestigen. Zudem erhalten sie einen Reiseausweis nach der GFK. Die Erwerbstätigkeit wird uneingeschränkt erlaubt.

2.2.3 Subsidiärer Schutz gemäß § 4 AsylG

Im Gegensatz zur Asylberechtigung und zur Flüchtlingsanerkennung muss die Gefahr bzw. Verfolgung, die dem Antragsteller/der Antragstellerin im Herkunftsland droht, nicht zwingend zielgerichtet gegen ihn/sie oder eine bestimmte soziale Gruppe (der der Antragsteller/die Antragstellerin angehört) gerichtet sein. Auch die anderen Anknüpfungsmerkmale wie Rasse, Religion, politische Überzeugung etc. müssen nicht vorliegen. Der subsidiäre Schutzstatus greift, wenn dem Antragsteller/der Antragstellerin in seinem/ihrem Herkunftsland ein ernsthafter Schaden droht. Es dürfen, wie auch bei der Flüchtlingsanerkennung, keine der unter dem vorherigen Abschnitt 2.2.2 genannten Ausschlussgründe vorliegen.

Der wohl in der Praxis am häufigsten vorliegende Fall eines drohenden, ernsthaften Schadens ist in § 4 Abs. 1 Nr. 3 AsylG geregelt. Demnach ist einem Antragsteller/ einer Antragstellerin der subsidiäre Schutzstatus zuzuerkennen, wenn ihm/ihr im Falle einer Rückkehr infolge willkürlicher Gewalt (in der Regel Kriegshandlungen) im

Rahmen eines internationalen oder innerstaatlichen bewaffneten Konflikts (Bürgerkriegs) eine ernsthafte individuelle Bedrohung des Lebens oder der Unversehrtheit droht. Ist die Gefahr im Herkunftsland des Antragstellers/der Antragstellerin, als Angehöriger/Angehörige der Zivilbevölkerung Opfer willkürlicher Gewalt zu werden, sehr hoch (z.B. aufgrund von ständigen Kampfhandlungen, Anschlägen etc.), reicht es grundsätzlich aus, Teil der Zivilbevölkerung zu sein.

Ist die Auskunftslage zur Intensität der Gewalt und zu den Opferzahlen ungenau oder aus Sicht des BAMF nicht ausreichend, um eine allgemeine Gefahr für alle Angehörigen der Zivilbevölkerung festzustellen, hat das BAMF sogenannte individuell gefahrerhöhende Umstände zu prüfen. Diese können zum Beispiel folgende sein: das Geschlecht, die Zugehörigkeit zu einer Minderheitengruppe, das Alter, der Gesundheitszustand, die finanzielle Situation. Gemäß § 4 Abs. 1 AsylG liegt zudem ein ernsthafter Schaden vor, wenn dem Antragsteller in seinem Herkunftsland die Verhängung oder Vollstreckung der Todesstrafe droht oder er im Falle einer Rückkehr Gefahr läuft, Opfer von unmenschlicher oder erniedrigender Behandlung oder Bestrafung zu werden.

Fallbeispiel

Einem 15-jährigen syrischen Mädchen aus Aleppo ist die Flucht bis nach Deutschland gelungen. Das Haus ihrer Eltern wurde zerbombt, die Lebensgrundlage der Familie zerstört. Die Eltern sind seitdem unbekannten Aufenthalts. Ein Onkel hat das Mädchen mit Bekannten nach Europa geschickt. In Syrien tobt weiter der Bürgerkrieg. Der Antragstellerin droht im Falle einer Rückkehr, im Rahmen eines innerstaatlichen bewaffneten Konflikts Opfer willkürlicher Gewalt zu werden. Aufgrund der ständigen Kampfhandlungen und Anschläge sind alle Personen, die der Zivilbevölkerung angehören von dieser Gefahr betroffen. Gefahrerhöhende individuelle Merkmale sind folglich nicht zu prüfen.

ACHTUNG: Das Fallbeispiel ist nicht auf Jungen im gleichen Alter zu übertragen, da diese sich durch ihre Ausreise immer auch dem Militärdienst entziehen und im Falle einer Rückkehr deshalb mit staatlicher Verfolgung zu rechnen haben, mit der Folge, dass ihnen die Flüchtlingsanerkennung gemäß § 3 AsylG zuzuerkennen ist.

Subsidiär Schutzberechtigte erhalten nach ihrer Anerkennung eine Aufenthaltserlaubnis gemäß § 25 Abs. 2 S. 1 Alt. 2 AufenthG für ein Jahr. Der Familiennachzug zu subsidiär Schutzberechtigten wurde auf Betreiben der Bundesregierung für zwei Jahre (bis zum 18. März 2018) ausgesetzt. Am 1. Februar 2018 hat der Bundestag die Verlängerung der Aussetzung bis 31. Juli 2018 beschlossen (weitere Informationen hierzu finden Sie im fünften Kapitel). Die Voraussetzungen für die Verfestigung des Aufenthalts sind strenger als bei Asylberechtigten oder Flüchtlingen. Subsidiär Schutzberechtigte erhalten nicht automatisch einen Reiseausweis, sondern werden häufig darauf verwiesen, sich um einen Nationalpass ihres Herkunftslandes zu bemühen.

2.2.4 Abschiebeverbote gemäß § 60 Abs. 5–7 AufenthG

Gemäß § 60 Abs. 5 AufenthG ist ein Abschiebeverbot festzustellen, wenn dem Antragsteller im Falle einer Abschiebung in sein Herkunftsland oder einen anderen Staat, der zu seiner Aufnahme verpflichtet ist, eine Verletzung seiner Rechte aus der Europäischen Menschenrechtskonvention droht. Auch wenn grundsätzlich die drohende Verletzung aller Rechte aus der EMRK und ihren Zusatzprotokollen zur Feststellung eines Abschiebeverbots führen kann, ist die wichtigste Norm in der Praxis Art. 3 EMRK. Demzufolge darf niemand »der Folter oder unmenschlicher oder erniedrigender Strafe oder Behandlung unterworfen werden«. Der Tatbestand des § 60 Abs. 5 AufenthG ist damit im Wesentlichen identisch mit dem subsidiären Schutz gemäß § 4 AsylG. Da der Schutz der EMRK jedoch absolut ist, das heißt notstandsfest und nicht einzuschränken, kommt ein Abschiebeverbot auch dann in Betracht, wenn für die Flüchtlingsanerkennung oder den subsidiären Schutz Ausschlussgründe vorliegen (z. B. der Vorwurf, der Antragsteller habe eine schwere Straftat begangen).

Fallbeispiel
Ein Jugendlicher kommt als unbegleiteter minderjähriger Flüchtling nach Deutschland. Er besitzt zwar die afghanische Staatsangehörigkeit, ist jedoch im Iran geboren und war noch nie in Afghanistan. Er verfügt auch nicht über familiäre Beziehungen in Afghanistan. Seine Eltern sind unbekannten Aufenthalts. Im Fall einer Abschiebung nach Afghanistan droht ihm als Minderjährigem die völlige Verelendung. Daher wird in seinem Verfahren ein Abschiebungsverbot gemäß § 60 Abs. 5 AufenthG festgestellt.

§ 60 Abs. 7 AufenthG schützt vor einer »erhebliche(n), konkrete(n) Gefahr für Leib, Leben oder Freiheit«. Der in der Praxis am häufigsten vorkommende Fall für die Anwendung des § 60 Abs. 7 AufenthG ist das Vorliegen einer Erkrankung, die im Herkunftsland nicht oder nicht hinreichend behandelt werden kann.

Die Erteilungsvoraussetzungen wurden mit Inkrafttreten des Asylpakets I im November 2016 erheblich verschärft, indem folgende Formulierung aufgenommen wurde: »Eine erhebliche konkrete Gefahr aus gesundheitlichen Gründen liegt nur vor bei lebensbedrohlichen oder schwerwiegenden Erkrankungen, die sich durch die Abschiebung wesentlich verschlechtern würden. Es ist nicht erforderlich, dass die medizinische Versorgung im Zielstaat mit der Versorgung in der Bundesrepublik Deutschland gleichwertig ist. Eine ausreichende medizinische Versorgung liegt in der Regel auch vor, wenn diese nur in einem Teil des Zielstaats gewährleistet ist. Gefahren nach Satz 1, denen die Bevölkerung oder die Bevölkerungsgruppe, der der Ausländer angehört, allgemein ausgesetzt ist, sind bei Anordnungen nach § 60a Abs. 1 Satz 1 (Duldung) zu berücksichtigen.«

Fallbeispiel

Eine junge Frau aus Djibouti leidet an einer schweren Diabetes, an erhöhtem Blutdruck und diversen Nebenfolgen dieser Erkrankungen. Unbehandelt würden diese Erkrankungen zum Tod führen. Ein genereller Zugang zum Gesundheitssystem für hilfsbedürftige Personen besteht in Djibouti nicht. Behandlungsmöglichkeiten bestehen nur für Personen, die über die notwendigen finanziellen Mittel verfügen. Im Falle einer Rückkehr liefe die vermögenslose Antragstellerin Gefahr, an den Folgen ihrer Krankheiten zu sterben. Es ist daher ein Abschiebeverbot gemäß § 60 Abs. 7 S. 1 AufenthG für die Antragstellerin festzustellen.

Es ist stets zwischen zielstaatsbezogenen Abschiebehindernissen gemäß § 60 Abs. 5–7 AufenthG und inlandsbezogenen Abschiebehindernissen gemäß § 60a AufenthG zu unterscheiden: Um zielstaatsbezogene Abschiebehindernisse handelt es sich zum Beispiel, wenn eine EMRK Verletzung droht oder keine Behandlungsmöglichkeiten für schwer Kranke im Herkunftsstaat vorhanden sind. Um inlandsbezogene Abschiebehindernisse handelt es sich hingegen zum Beispiel, wenn Angehörige der Kernfamilie mit einer Aufenthaltserlaubnis in der BRD leben; eine Abschiebung, Familientrennung oder auch Reiseunfähigkeit droht; Passlosigkeit oder eine ungeklärte Identität besteht.

Das BAMF ist in der Regel nur für die Feststellung von zielstaatsbezogenen Abschiebehindernisse zuständig (eine Ausnahme besteht z. B. in Dublin-Verfahren: Hier ist auch bei nachträglich aufgetretenen Vollstreckungshindernissen, z. B. einer ernsthaften Erkrankung, das BAMF zuständig). Für die Feststellung inlandsbezogener Abschiebehindernisse ist in der Regel die Ausländerbehörde zuständig (z. B. nach negativem Abschluss des Asylverfahrens).

Wurde für eine Person ein Abschiebeverbot gemäß § 60 Abs. 5–7 festgestellt, erhält sie zunächst eine Aufenthaltserlaubnis gemäß § 25 Abs. 3 AufenthG für ein Jahr. Der Familiennachzug soll nur unter besonderen humanitären oder völkerrechtlichen Bedingungen oder zur Wahrung politischer Interessen der BRD zugelassen werden. Die Voraussetzungen für die Verfestigung des Aufenthalts sind deutlich umfangreicher als für Asylberechtigte, Flüchtlinge oder subsidiär Schutzberechtigte. Eine spätere Einbürgerung ist nur möglich, wenn zuvor eine Niederlassungserlaubnis erteilt wurde.

2.2.5 Familienasyl gemäß § 26 AsylG

Das sogenannte Familienasyl privilegiert Familienangehörige von Asylberechtigten, von anerkannten Flüchtlingen und von subsidiär Schutzberechtigten. Der im Gesetz genutzte Begriff des Familienasyls ist folglich etwas irreführend und wird deshalb im Folgenden in Anführungszeichen gesetzt. Es sind dann immer alle drei Gruppen von Schutzberechtigten mit umfasst. Gemäß § 26 AsylG haben Familienangehörige dieser drei Gruppen unter bestimmten

Voraussetzungen einen Anspruch auf Zuerkennung desselben Status. Bei Zuerkennung des »Familienasylstatus« kommt es nicht auf die eigenen Fluchtgründe des betreffenden Familienangehörigen an, das heißt, er kann sich auf die Anerkennung des Stammberechtigten (so wird der Familienangehörigen, von dem der jeweilige Schutzstatus abgeleitet werden soll genannt) beziehen. Voraussetzung für die Zuerkennung des »Familienasyls« ist, dass dem Stammberechtigten unanfechtbar die Asylberechtigung, der Flüchtlingsstatus oder der subsidiäre Schutzstatus zuerkannt worden ist und die Anerkennung auch nicht zu widerrufen oder zurückzunehmen ist.

§ 26 AsylG regelt abschließend, welche Familienangehörigen eines Stammberechtigten einen Anspruch nach § 26 AsylG besitzen:

- Ehe- und Lebenspartner/-innen, mit der Einschränkung, dass die eheliche Lebensgemeinschaft bereits im Herkunftsland bestanden haben muss (siehe hierzu den nachfolgenden Praxishinweis zur Kinderehe) und der Asylantrag zeitgleich oder unverzüglich (zwei Wochen nach Einreise des Ehe- oder Lebenspartners) gestellt worden ist.
- Eltern eines minderjährigen Stammberechtigten, mit der Einschränkung, dass die Familie bereits im Herkunftsland bestanden haben muss (siehe hierzu den nachfolgenden Praxishinweis zum Eltern- und Geschwisterasyl) und der Asylantrag zeitgleich oder unverzüglich gestellt worden ist (siehe hierzu nachfolgenden Praxishinweis zur unverzüglichen Antragsstellung).
- Minderjährige Geschwister eines minderjährigen Stammberechtigten, mit der Einschränkung, dass die Familie bereits im Herkunftsland bestanden haben muss (siehe hierzu den Praxishinweis zum Eltern- und Geschwisterasyl) und der Asylantrag zeitgleich oder

unverzüglich (zwei Wochen nach Einreise der Eltern oder eines Elternteils) gestellt worden ist.
- Minderjährige Kinder (ohne Einschränkungen).

Der »Familienasylstatus« kann nicht von einem Elternteil abgeleitet werden, der selbst den Familienstatus nach § 26 AsylG von einem Familienangehörigen abgeleitet hat. Was die Rechtsfolgen einer Anerkennung als Familienschutzberechtigter betrifft, so sind diese identisch mit denen, die für die Stammberechtigten gelten.

Praxishinweis zur unverzüglichen Antragsstellung

Familienangehörige, die nach der Anerkennung des Stammberechtigten in die BRD einreisen, zum Beispiel auf dem Wege einer Familienzusammenführung, müssen den Antrag auf »Familienasyl« gemäß § 26 Abs. 3 Nr. 3 AsylG unverzüglich, das heißt innerhalb einer Frist von zwei Wochen stellen. Die Frist von zwei Wochen gilt für Ehepartner, minderjährige Geschwister eines minderjährigen Stammberechtigten und Eltern von unbegleiteten minderjährigen Flüchtlingen, jedoch nicht für minderjährige Kinder eines stammberechtigten Elternteils. Für minderjährige Kinder eines stammberechtigten Elternteils ist der »Familienasylantrag« zu jeder Zeit, bis zum Eintritt der Volljährigkeit möglich.

Praxishinweis bezüglich der Kinderehe

Aufgrund des am 21. Juli 2017 in Kraft getretenen Gesetzes zur Bekämpfung von Kinderehen ist in § 26 Abs. 1 S. 2 AsylG sinngemäß folgender Zusatz aufgenommen worden: Wurde eine Ehe aufgrund des Gesetzes zur Bekämpfung von Kinderehen aufgehoben oder für ungültig erklärt, kann der zum Zeitpunkt der Eheschließung noch minderjährig gewesene Ehepartner weiterhin den Familienasylstatus von seinem Ehepartner ableiten. Der zum Zeitpunkt der Eheschließung volljährige Ehepartner jedoch nicht mehr.

Praxishinweis zum Eltern- und Geschwisterasyl

Die Formulierung der Tatbestandsvoraussetzung beim Eltern- und Geschwisterasyl, dass »die Familie bereits im Herkunftsland bestanden« haben muss, ist auslegungsbedürftig. Nach der zutreffenden (und in der Regel auch vom BAMF vertretenen) Rechtsauffassung reicht es aus, wenn die Familie an sich bereits im Herkunftsland bestanden hat. Das heißt, das Eltern- und Geschwisterasyl gilt unabhängig von der Tatsache, ob der Stammberechtigte oder der Familienangehörige, der den Familienasylstatus von einem Kind oder Geschwister ableiten will, im Herkunftsland bereits Teil der Familie war. Gestützt wird diese Argumentation durch die Formulierung des Gesetzes selbst. Zum einen wird in § 26 AsylG zum Begriff Familie auf die sogenannte Qualifikationsrichtlinie verwiesen, bei der stets von einem sehr weiten und großzügigen Familienbegriff auszugehen ist. Zum anderen spricht der Wortlaut des Gesetzes vom »Bestehen einer Familie im Herkunftsland« und nicht vom Bestehen eines Kindschafts- oder Geschwisterverhältnisses im Herkunftsland. Das heißt unter anderem: Die Eltern und die minderjährigen Geschwister eines in der BRD geborenen Kindes, dem die Flüchtlingseigenschaft zuerkannt wird, können den Flüchtlingsstatus von diesem Kind ableiten, auch wenn das Kind erst in die (bereits im Herkunftsland bestandene) Familie hineingeboren wurde, folglich aber im Herkunftsland selbst noch nicht Teil der Familie war.

2.3 Der Asylantrag

Die Legaldefinition des Asylantrages in § 13 AsylG lautet:
»Ein Asylantrag liegt vor, wenn sich dem schriftlich, mündlich oder auf andere Weise geäußerten Willen des Ausländers entnehmen lässt, dass er im Bundesgebiet Schutz vor politischer Verfolgung sucht oder dass er Schutz vor Abschiebung oder einer sonstigen Rückführung in einen Staat begehrt, in dem ihm eine Verfolgung im Sinne des § 3 Absatz 1 oder ein ernsthafter Schaden im Sinne des § 4 Absatz 1 droht.«

Das AsylG verwendet den Begriff des Asylantrags im doppelten Sinne. Vom materiellen Asylgesuch im Sinne des § 13 AsylG ist der förmliche Asylantrag gemäß § 14 AsylG strikt zu unterscheiden. Die förmliche Asylantragstellung ist erst erfolgt, wenn das BAMF selbst mit dem Asylantrag des Asylsuchenden befasst wurde, das heißt, wenn die Aufnahme des Asylantrags beim BAMF erfolgt ist. Im Folgenden wird deshalb zwischen Asylantrag und förmlichem Asylantrag unterschieden.

Im europäischen Kontext heißt der Asylantrag aufgrund der Normen zum europäischen Asylsystem »Antrag auf internationalen Schutz«. Der Begriff stammt aus der sogenannten Qualifikationsrichtlinie (Richtlinie 2011/95/EU, im Folgenden QRL genannt). Der internationale Schutz im Sinne der QRL umfasst die Flüchtlingsanerkennung gemäß § 3 AsylG und den subsidiären Schutzstatus gemäß § 4 AsylG.

Der Begriff des Asylantrages ist im deutschen Rechtssystem umfassender, weil neben der Flüchtlingsanerkennung und dem subsidiären Schutz auch die Anerkennung als Asylberechtigter gemäß Art. 16a GG mit umfasst ist.

3 Ablauf des Asylverfahrens[2]

3.1 Ankunft, Registrierung und Verteilung

3.1.1 Wo hat sich ein Asylsuchender/eine Asylsuchende für die Antragsstellung zu melden?

Erfolgt die Einreise ohne die erforderlichen Einreisepapiere, ist an der Grenze um Asyl nachzusuchen (§ 18 AsylG). Im Falle einer unerlaubten Einreise (was in der Regel der Fall ist) hat sich der/die Asylsuchende bei der nächstgelegenen Erstaufnahmeeinrichtung zu melden (§ 22 AsylG). Erfolgt eine Asylantragstellung bei einer Grenzbehörde (§ 18 AsylG), der Polizei (§ 19 AsylG) oder der Ausländerbehörde (§ 19AsylG) werden Asylsuchende zur nächstgelegenen Erstaufnahmeeinrichtung weitergeleitet (§ 20 AsylG). Unbegleitete minderjährige Flüchtlinge (UMF) müssen, unabhängig davon wo sie aufgegriffen werden oder wo sie sich melden, dem nächstgelegenen Jugendamt übergeben werden. Sie sind bis zur Volljährigkeit nicht »asylmündig«. Erst wenn sie vom Jugendamt in Obhut genommen worden sind bzw. ein Vormund für sie bestellt wurde, ist eine Asylantragstellung möglich.

---

2 Ein Schaubild zum Ablauf des Verfahrens finden Sie im Anhang (S. 173).

3.1.2 Welche Personen sind berechtigt, einen Asylantrag zu stellen, und in welcher Form hat der Antrag zu erfolgen?

Die Asylantragstellung setzt die Handlungsfähigkeit und Volljährigkeit der antragstellenden Person voraus (§ 12 AsylG).

Praxishinweis zur Antragsstellung von unbegleiteten Minderjährigen

Meldet sich ein unbegleiteter minderjähriger Flüchtling selbst in einer Erstaufnahmeeinrichtung oder bei der Ausländerbehörde oder wird von der Polizei aufgegriffen, ist das nächstgelegene Jugendamt zu informieren, welches das Kind gemäß § 42a AsylG in Obhut zu nehmen hat. Die Inobhutnahme erfolgt zunächst vorübergehend. Unmittelbar im Anschluss wird durch das Jugendamt ein sogenanntes Clearingverfahren durchgeführt. Im Rahmen dieses Verfahrens soll ermittelt werden, welche Umstände dazu geführt haben, dass das Kind ohne seine Eltern eingereist ist und ob es Verwandte oder andere Personen in der BRD hat. Soweit das Kind sein Alter nicht mit zuverlässigen Dokumenten belegen kann, ist gemäß § 42f SGB VIII das zutreffende Alter des Kindes vom Jugendamt zu ermitteln. Auf welche Weise dies zu erfolgen hat, regelt § 42a SGB VIII, der zu Recht sehr umstritten ist. Die Jugendämter sind mit Inkrafttreten der Neuregelung des § 42 Abs. 2 S. 5 SGB VIII am 29. Juli 2017 bereits während der vorläufigen Inobhutnahme (also bereits bevor die Vormundschaft besteht) verpflichtet, unverzüglich einen Asylantrag für das Kind zu stellen, wenn Tatsachen dafür sprechen, dass das Kind internationalen Schutz benötigt. Weitere Informa-

tionen hierzu finden Sie auf der Seite des Bundesfach-
verbandes für UMF[3].

Die Asylantragstellung hat – mit wenigen Ausnahmen –
persönlich beim BAMF zu erfolgen (in Hinblick auf be-
stehende Ausnahmen siehe Kapitel 3.3: »Die förmliche
Asylantragstellung«).

3.1.3 Wie läuft das Registrierungs- und Verteilungsverfahren ab?

Vor der förmlichen Asylantragstellung werden Asylsuchende in der Erstaufnahmeeinrichtung registriert und
verteilt. Die EAE sind meist einer Außenstelle oder einem
Ankunftszentrum des BAMF angegliedert.

Ist die EAE, bei der sich der/die Asylsuchende meldet, nicht zuständig oder verfügt nicht über die notwendigen Kapazitäten, wird anhand des Quotensystems
EASY (Erstverteilung der Asylsuchenden) ermittelt, wohin
der/die Asylsuchende verteilt wird. Die Verteilung erfolgt
bundesweit anhand des sogenannten Königsteiner Schlüs-
sels (§ 45 AsylG), der eine gleichmäßige »Belastung« der
Bundesländer gewährleisten soll. Neben der Kapazitäts-
frage ist maßgeblich, in welcher Außenstelle des BAMF
oder in welchem Ankunftszentrum das jeweilige Herkunftsland (HKL) des/der Asylsuchenden bearbeitet wird.
Zudem werden häufig auch familiäre Bezüge der Antrag-
steller/-innen berücksichtigt, weshalb diese bereits beim

---

3   Siehe unter http://www.b-umf.de/images/2017_09_13_Hinweise_
    zur_Umsetzung_von__42_Abs._2_Satz_5_SGB_VIII__
    Verpflichtung_der_Jugend%C3 %A4 mter_zur_Asylantrag-
    stellung.pdf

Erstkontakt mit der EAE angegeben und wenn möglich auch nachgewiesen werden sollten.

Erst nach der Verteilung ist klar, welche EAE und damit welches Ankunftszentrum bzw. welche Außenstelle des BAMF für die Aufnahme und Bearbeitung des förmlichen Asylantrages zuständig sein wird.

Im Rahmen des Registrierungsverfahrens erfolgt eine erste medizinische Untersuchung sowie eine erkennungsdienstliche Behandlung (Abnahme von Fotos und Fingerabdrücken). Im Anschluss hat die EAE gemäß § 63a AsylG unverzüglich eine sogenannte Bescheinigung über die Meldung als Asylsuchender (BÜMA) bzw. einen sogenannten Ankunftsnachweis auszustellen. Dieser Nachweis ist das erste »offizielle Dokument«. Der Aufenthalt gilt mit Ausstellung des Ankunftsnachweises gemäß § 55 AsylG als gestattet. Die Aufenthaltsgestattung berechtigt dazu, staatliche Leistungen nach dem Asylbewerberleistungsgesetz (AsylbLG) zu beziehen, wie etwa Unterbringung, medizinische Versorgung und Verpflegung. Ein Zugang zu Bett und Verpflegung wird jedoch auch vor Erhalt des Ankunftsnachweises in der EAE zur Verfügung gestellt.

3.2 Wie lange besteht die Wohnpflicht in der Erstaufnahmeeinrichtung?

Mit Inkrafttreten des Integrationsgesetzes am 6. August 2016 und des Gesetzes zur besseren Durchsetzung der Ausreisepflicht am 29. Juli 2017 wurde die Dauer der Wohnverpflichtung in der EAE durch Änderungen im § 47 AsylG erheblich ausgedehnt. Gemäß § 47 Abs. 1 AsylG sind Asylantragsteller/-innen verpflichtet, für einen Zeitraum von bis zu sechs Monaten in einer EAE zu wohnen. Aufgrund der oft kaum zumutbaren Zustände in den EAE, die eigentlich nur als »Durchgangsstation« vor-

gesehen sind (beengte Wohnverhältnisse, keine Privat-
sphäre, ständiger Belegungswechsel, keine eigenen Koch-
möglichkeiten, keine Infrastruktur), ist ein monatelanger
Aufenthalt in der EAE oft eine große Belastung.

Die maximale Dauer von sechs Monaten gilt gemäß
§ 47 Abs. 1a AsylG jedoch nicht für Antragsteller/-innen,
die aus »sicheren Herkunftsländern« (§ 29a AsylG) stammen (aktuell die Mitgliedstaaten der Europäischen Union,
Albanien, Bosnien und Herzegowina, Ghana, Kosovo,
Mazedonien, ehemalige jugoslawische Republik, Monte-
negro, Senegal, Serbien). Diese Personen müssen gemäß § 47 Abs. 1a AsylG bis zum Abschluss des Asylverfahrens bzw. im Falle einer Ablehnung als offensichtlich
unbegründet oder unzulässig bis zum Vollzug der Abschiebungsandrohung oder -anordnung verpflichtet werden, in einer EAE zu wohnen. Wurden Rechtsmittel eingelegt (Klage und Eilantrag), endet die Wohnverpflichtung
gemäß § 50 Abs. 1 Nr. 2 AsylG, wenn das Verwaltungsgericht dem Eilantrag stattgibt und die aufschiebende Wirkung der Klage gegen die Entscheidung anordnet.

Die Wohnverpflichtung über die Maximaldauer von
sechs Monaten hinaus kann zudem für Personen gelten, deren Verfahren als beschleunigtes Verfahren (§ 30a
AsylG) geführt wird. In diesen Fällen sind die Antrag-
steller/-innen verpflichtet, in sogenannten »besonderen
Aufnahmeeinrichtungen« zu wohnen[4]. In diesen Verfahren hat das BAMF innerhalb einer Woche über den
Asylantrag zu entscheiden.

§ 30a AsylG lässt beschleunigte Verfahren für folgende
Personengruppen zu:

---

4 Diese besonderen Erstaufnahmeeinrichtungen tragen keinen
   einheitlichen Namen. So heißen sie in Bayern zum Beispiel
   »Transitzentren«, in Hessen »besondere EAE«. Rechtsgrundlage
   ist § 5 AsylG.

- Antragsteller/-innen aus sicheren Herkunftsländern,
- Asylfolgeantragsteller sowie
- Personen, die gegen Mitwirkungspflichten verstoßen haben bzw. die sich in den Augen des BAMF missbräuchlich verhalten haben (z. B. durch falsche Angaben, die Vernichtung von Identitätsdokumenten, die mutwillige Antragstellung zur Verzögerung einer Abschiebung, die Verweigerung der Abnahme von Fingerabdrücken).

Lehnt das BAMF den Antrag gemäß §§ 29a, 30, 29 AsylG als offensichtlich unbegründet oder unzulässig ab, so besteht die Wohnverpflichtung (in einer gerade für diese Fälle bestimmten EAE) bis zur Vollstreckung der Abschiebung oder bis zu einer Entscheidung des Gerichts, mit der die aufschiebende Wirkung der Klage gegen die Entscheidung angeordnet wird (§ 50 Abs. 1 Nr. 2 AsylG).

Es bleibt zudem abzuwarten, inwieweit die Länder von der im Juli 2017 in Kraft getretenen Regelung des § 47 Abs. 1b AsylG Gebrauch machen. § 47 Abs. 1b AsylG eröffnet den Ländern die Möglichkeit, eine Wohnverpflichtung von einer Gesamtdauer von 24 Monaten auch für andere nicht in § 47 Abs. 1a AsylG und § 30a AsylG genannten Fällen zu bestimmen. Dies bedeutet im Ergebnis: Eine Wohnverpflichtung über einen Zeitraum von sechs Monaten hinaus besteht für Personen aus sicheren Herkunftsstaaten, unabhängig davon, ob ihr Verfahren als beschleunigtes Verfahren geführt wird oder nicht. Ferner können Personen, deren Verfahren als beschleunigtes Verfahren geführt wird, verpflichtet werden, bis zum Abschluss ihres Verfahrens in der EAE zu wohnen.

Inwieweit die Länder von § 47 Abs. 1b AsylG Gebrauch machen, ist abzuwarten. Die generelle Tendenz dieser Regelungen, nämlich eine möglichst lange »Kaser-

nierung« einer möglichst großen Personenzahl mit dem
Ziel, den Vollzug von Abschiebung zu erleichtern und zu
beschleunigen, wird jedoch deutlich. Diese Entwicklungen
veranlassen zu großer Sorge, da bestimmte Personengruppen auf diese Weise, »abgeschirmt« von der Bevölkerung, meist ohne Zugang zu rechtskundiger Beratung
in infrastrukturell häufig schlecht erreichbaren »Lagern«
um ihr Recht auf eine menschenwürdige Unterbringung,
sowie ein faires Verfahren, gebracht werden.

Die Pflicht, in der EAE zu wohnen, endet gemäß § 48
AsylG vor Ablauf der sechs Monate (oder für den genannten Personenkreis vor Abschluss ihres Verfahrens),
wenn die betroffene Person verpflichtet wird, an einem
Ort oder in einer anderen Unterkunft zu leben (Zuweisung in einen Landkreis oder eine Stadt), das Asylverfahren positiv abgeschlossen wurde oder ein Rechts-
anspruch auf Erteilung einer Aufenthaltserlaubnis aus
anderen als asylrechtlichen Gründen (in der Regel fami-
liär) vorliegt.

Wie sich die genannten Neuregelungen in der Zukunft
auswirken werden, ist aktuell noch unklar, da die Umstrukturierung beim BAMF, wie die Einrichtungen von
Ankunftszentren, Entscheidungszentren, Zustellungs-
zentren und besonderen Aufnahmeeinrichtungen, zum
jetzigen Zeitpunkt noch nicht abgeschlossen ist. Klar ist jedoch, dass durch verkürzte Verfahren immer die Möglichkeit eingeschränkt wird, eine adäquate rechtliche Beratung
oder Vertretung zu gewährleisten. Durch die Möglichkeit
der Schnellverfahren (§ 30a AsylG) wird zudem eine Art
Vorselektion zugelassen, die das anschließende Verfahren
in erheblichem Maß negativ beeinflussen kann. Letztlich
lässt § 30a AsylG dem BAMF einen großen Spielraum, welche Verfahren als beschleunigte Verfahren geführt werden
dürfen, wodurch die willkürliche Anwendung der Vor-
schrift begünstigt wird.

**Praxishinweis zur Wohnverpflichtung
für Minderjährige**

Minderjährige sind nur dann zur Wohnungsnahme in der
EAE verpflichtet, wenn eine Wohnverpflichtung für ihre
Eltern besteht. Reisen UMF ohne Eltern ein, sind sie –
wie im Praxishinweis zum Eltern- und Geschwisterasyl
ausgeführt – vom zuständigen Jugendamt in Obhut zu
nehmen (§ 42 SGB VIII) und in Jugendhilfeeinrichtungen
unterzubringen.

3.2.1 Von der Erstaufnahmeeinrichtung in die Gemeinschaftsunterkunft

Die Wohnverpflichtung in der EAE endet überwiegend
aufgrund einer Entscheidung über die landesinterne Verteilung gemäß § 50 AsylG (auch Zuweisung genannt). Das
heißt, der/die Asylsuchende wird aus der EAE entlassen
und einem bestimmten Landkreis oder einer Stadt zugewiesen. Dort hat er/sie seinen/ihren Aufenthalt in einer
Gemeinschaftsunterkunft zu nehmen, die ihm/ihr vom
zuständigen Sozialamt des Landkreises oder der Stadt zugewiesen wird.

Endet die Wohnpflicht eines/einer Asylsuchenden
in der EAE, besteht die Möglichkeit einer länderüber-
greifenden Umverteilung (§ 51 AsylG). Diese erfolgt allerdings nur auf Antrag (§ 51 Abs. 2 AsylG). Der Antrag
kann nach Beendigung der Wohnpflicht zu jeder Zeit und
nicht nur im Rahmen der Entlassung aus der EAE erfolgen. Eine länderübergreifende Verteilung kommt allerdings nur in Betracht, wenn die Haushaltsgemeinschaft
mit Familienangehörigen (Kernfamilie) begehrt wird oder
andere humanitäre Gründe von vergleichbarem Gewicht
vorliegen.

**Praxishinweis zur Verteilung
an einen bestimmten Ort**

Begehrt der/die Asylsuchende die Verteilung an einen
bestimmten Ort, z. B. weil dort Familienangehörige leben
oder weil er/sie schwer traumatisiert/krank ist und deshalb eine erneutes »Weitergereichtwerden« nicht ver-
kraften kann, sollte dies bereits bei der Meldung in der
EAE vorgetragen und mit Nachweisen belegt werden
(Kopien der Aufenthaltstitel der Familienangehörigen,
wenn möglich Schreiben der Familienangehörigen oder
Ähnliches, Atteste des Arztes/der Ärztin oder des psychologischen Psychotherapeuten/der psychologischen
Psychotherapeutin). Ist die Verteilung erst einmal vollzogen, ist es nur mit großem Aufwand möglich, diese
rückgängig zu machen.

3.2.2 Wie lange besteht die »Pflicht«, in einer Gemeinschaftsunterkunft zu leben?

Die Wohnsitznahme in einer Gemeinschaftsunterkunft
soll für die Dauer des Asylverfahrens die Regel sein
(§ 53 AsylG). Einige Städte bevorzugen dennoch – aus
zutreffenden integrationspolitischen Gründen – die de-
zentrale Unterbringung von Flüchtlingen in Privatwohnungen (z. B. die Stadt Leverkusen). Zudem verfügen
einige Städte und Landkreise nicht über ausreichend Ob-
jekte, in denen Gemeinschaftsunterkünfte betrieben werden können, so dass auch hier, eher ungewollt, die Unterbringung in Privatwohnungen oder Zimmern erfolgt. Die
Mindestquadratmeterzahl für die Unterbringung eines/
einer Asylsuchenden ab dem sechsten Lebensjahr liegt je
nach Bundesland etwa bei sechs Quadratmetern Wohn-
fläche und drei Quadratmetern Bewegungsfläche. Wird

die Mindestquadratmeterzahl eingehalten, können auch mehrere Personen in einem Zimmer oder einer Wohnung untergebracht werden. Ist der/die Betroffene verpflichtet, in einer Gemeinschaftsunterkunft zu wohnen, besteht die Möglichkeit eines Umzugs in eine Privatunterkunft nur, wenn der/die Asylsuchende über eigenes Einkommen verfügt und die Ausländerbehörde ihre Zustimmung erteilt oder wenn besondere Umstände vorliegen, die einen weiteren Verbleib in der Gemeinschaftsunterkunft unzumutbar erscheinen lassen (z. B. Großfamilien, Krankheit, extreme psychische Belastung). Die »Pflicht«, aber auch das Recht, in einer Gemeinschaftsunterkunft oder einer vom Sozialamt zugewiesenen Wohnung zu wohnen, endet im Falle des positiven Abschlusses des Asylverfahrens. Personen, deren Asylverfahren negativ abgeschlossen ist und die fortan gemäß § 60a AufenthG geduldet werden, können auch weiter verpflichtet werden, in einer Gemeinschaftsunterkunft zu wohnen.

3.3 Die förmliche Asylantragstellung

Grundsätzlich hat die Asylantragstellung eines erwachsenen Asylsuchenden persönlich zu erfolgen (§ 14 Abs. 1 AsylG). Eine schriftliche Antragstellung ist nur unter den engen und abschließend aufgezählten Voraussetzungen des § 14 Abs. 2 AsylG zulässig:

- Wenn der Asylsuchende einen Aufenthaltstitel mit einer Gesamtgeltungsdauer von mehr als sechs Monaten besitzt.
- Er sich in Haft oder sonstigem öffentlichen Gewahrsam, in einem Krankenhaus, einer Heil- oder Pflegeanstalt oder in einer Jugendhilfeeinrichtung befindet.
- Der Asylsuchende minderjährig ist und sein gesetzlicher Vertreter nicht verpflichtet ist, in einer Aufnahmeeinrichtung zu wohnen.

– Der schriftliche Asylantrag kann auch bei der Ausländerbehörde eingereicht werden, die dann verpflichtet ist, den Antrag unverzüglich dem BAMF zuzuleiten. Das BAMF bestimmt dann die für die Bearbeitung des Asylantrags zuständige Außenstelle.

Für die Antragsstellung von UMF ist das inobhutnehmende Jugendamt bzw. der für das Kind bestellte Vormund zuständig (siehe den Praxishinweis im Kapitel 3.1.2). Auch im Falle einer gemeinsamen elterlichen Sorge ist gemäß § 12 Abs. 3 AsylG jeder Elternteil alleine für die Vertretung seines Kindes vertretungsbefugt, wenn sich der andere Elternteil nicht im Bundesgebiet aufhält oder der Aufenthalt des anderen Elternteils unbekannt ist. Zur Wahrung der Familieneinheit gilt gemäß § 14a AsylG der Asylantrag auch für alle in der BRD aufhältigen minderjährigen Kinder des Antragstellers/der Antragstellerin als gestellt, es sei denn, das Kind verfügt bereits aus anderen Gründen über ein Aufenthaltsrecht. Die Einreise oder die Geburt eines Kindes eines Asylantragstellers, der sich noch im Asylverfahren befindet, sich nach Abschluss des Asylverfahrens ohne Aufenthaltstitel in der BRD aufhält oder über eine Aufenthaltserlaubnis gemäß § 25 Abs. 5 AufenthG verfügt, soll dem BAMF unverzüglich angezeigt werden. Die Anzeigepflicht obliegt nicht nur den Eltern, sondern auch der Ausländerbehörde. Der Asylantrag für das Kind gilt mit der Anzeige der Geburt oder Einreise bei der Ausländerbehörde oder beim BAMF als gestellt.

Da die Antragstellung von Amts wegen bzw. von Gesetzes wegen erfolgt, haben die Eltern ein Optionsrecht, das heißt, sie können bis zur Zustellung der Entscheidung über den Asylantrag auf die Durchführung eines Asylverfahrens für ihr Kind verzichten. Wird der Asylantrag beim BAMF angelegt, werden den Eltern alle Belehrungen zum Verfahren zugesandt, ferner auch ein Verzichtsbogen, der im Falle eines Verzichts unterschrieben an das BAMF zurückgesandt werden muss

Praxishinweis zum Verzichtsbogen

Da der Verzichtsbogen oft mit einer ganzen Reihe anderer Unterlagen (Belehrungen etc.) bei den Eltern ankommt, besteht die Gefahr, dass die Eltern alle Unterlagen unterschreiben, so auch den Verzichtsbogen. Man sollte die Unterlagen jedoch sehr genau prüfen, damit nicht durch eine falsch gesetzte Unterschrift versehentlich auf den Asylantrag verzichtet wird.

Praxishinweis zu den Mitwirkungspflichten

Im Rahmen der förmlichen Asylantragstellung werden die Antragsteller/-innen über ihre Mitwirkungspflichten (§ 15 AsylG) belehrt. Hierzu gehört unter anderem, dass sie zur Aufklärung des Sachverhaltes beitragen müssen, erkennungsdienstliche Maßnahmen zu dulden haben, alle Termine wahrzunehmen haben, alle Urkunden und andere Beweismittel vorzulegen haben. Mit dem Inkrafttreten des Gesetzes zur besseren Durchsetzung der Ausreisepflicht (29. Juli 2017) ist das BAMF befugt (!), Antragsteller/-innen zu durchsuchen und Datenträger (Tablet, Handy, Computer etc.) sicherzustellen und auszuwerten. Diese Neuregelung ist nicht nur datenschutzrechtlich eine Katastrophe, sondern greift auch in das verfassungsrechtlich geschützte, allgemeine Persönlichkeitsrecht der Betroffenen ein. Antragsteller/-innen sollten über diese Zugriffsmöglichkeiten des BAMF informiert sein, bevor sie sich bei der Erstaufnahmeeinrichtung melden.

**Praxishinweis zur Belehrung
über die Zustellungsvorschriften**

Im Rahmen der förmlichen Asylantragstellung erfolgt
zudem eine Belehrung über die Zustellungsvorschriften
(§ 10 AsylG). Gemäß § 10 Abs. 1 AsylG haben Antragstel-
ler/-innen dafür Sorge zu tragen, dass sie Mitteilungen
des BAMF, der zuständigen Ausländerbehörde und der
angerufenen Gerichte stets erreichen können. Hierfür
ist JEDER WECHSEL DER ANSCHRIFT unverzüglich beim
BAMF anzuzeigen. Diese Belehrung wird oft übersehen
bzw. gehen viele Antragsteller/-innen davon aus, dass
es ausreicht, dem Sozialamt oder der Ausländerbehörde
ihre neue Anschrift mitzuteilen. Dies trifft jedoch nicht zu.
Das BAMF muss bei jeder Adressänderung separat und
unverzüglich informiert werden. Post, die an veraltete
Adressen gesandt wird, gilt – wenn keine Zustellungsfehler vorliegen – im Zweifel trotzdem als zugestellt und
die Antragsteller/-innen müssen die damit verbundenen
Konsequenzen (Einstellung des Verfahrens, Fristversäum-
nisse) gegen sich gelten lassen. Bei anwaltlich vertretenen Antragstellern/Antragstellerinnen muss die gesamte
Kommunikation auch bzw. nur dem Anwalt/der Anwältin
zugesandt bzw. zugestellt werden.

3.3.1 Auf was muss der Antragsteller/ die Antragstellerin bei der förmlichen Asylantragstellung vorbereitet sein?

Bei der förmlichen Asylantragstellung werden zunächst
die genauen Daten der Antragsteller erfasst. Direkt im
Anschluss erfolgen in der Regel zwei Anhörungen (um-
gangssprachlich wird hier vom sogenannten kleinen Interview gesprochen): eine Anhörung zur Person und eine

Anhörung zur Bestimmung des für die Durchführung des Asylverfahrens zuständigen Mitgliedstaates.

3.3.2 Anhörung zur Person

Bei der Anhörung zur Person werden folgende Fragen gestellt:

- Gehören Sie zu einem bestimmten Stamm/einer bestimmten Volksgruppe? (Die Frage zielt darauf ab, festzustellen, ob der Antragsteller/die Antragstellerin zu einer Minderheitengruppe gehört. Ist dies der Fall, sollten Antragsteller/-innen diese so genau wie möglich benennen z. B. Clan, Sub-Clan, Sub-Sub-Clan etc.).
- Haben Sie in Ihrem Heimatland Personaldokumente besessen?
- Warum können Sie keine Personaldokumente vorlegen?
- Nennen Sie mir bitte die letzte offizielle Anschrift im Heimatland. (In vielen Regionen, gibt es keine genauen Adressangaben. Dann sollte der Antragsteller/die Antragstellerin den Ort so genau wie möglich eingrenzen z. B. Stadt, Stadtviertel, in der Nähe von …, gegenüber von …).
- Haben Sie sich dort bis zur Ausreise aufgehalten?
- Wann haben Sie Ihr Heimatland verlassen?
- Wann sind Sie nach Deutschland eingereist?
- Welche Länder haben Sie hierbei durchquert? (Das BAMF erwartet eine Aufzählung aller Länder, die durchquert wurden, sowie die Angabe der genutzten Verkehrsmittel und die Dauer des Aufenthalts im jeweiligen Land.)
- Leben noch weitere Verwandte im Heimatland? (Die Frage zielt unter anderem darauf ab, ob der Antragsteller im Falle einer Abschiebung Familienangehörige hat, die ihn im Heimatland unterstützen könnten.)

- Leben Verwandte von Ihnen außerhalb Ihres Heimatlandes? Wenn ja, wo?
- Sind Sie verheiratet? Nennen Sie mir bitte Name, Geburtsdatum, Geburtsort Ihres Ehepartners sowie Datum und Ort der Eheschließung.
- Haben Sie Kinder?
- Wie lauten die Personalien Ihres Großvaters väterlicherseits?
- Welche Schulen/Universitäten haben Sie besucht?
- Haben Sie einen Beruf erlernt?
- Wo haben Sie zuletzt gearbeitet? Hatten Sie ein eigenes Geschäft?
- Wie würden Sie Ihre finanzielle Situation beschreiben? (Diese Frage stellt darauf ab, ob der Antragsteller/die Antragstellerin in seinem/ihrem Heimatland im Falle einer Rückkehr sein/ihr Existenzminimum sichern kann.)

Praxishinweis zur Anhörung zur Person

Auch wenn es in der ersten Anhörung nur um allgemeine Fragen zur Person und zum Reiseweg geht, können bereits hier die ersten Schwierigkeiten auftreten. Insbesondere die chronologische Abfolge von Geschehnissen, aber auch das Abrufen von Heirats-, Geburts- und Reisedaten fällt vielen Antragstellern/Antragstellerinnen schwer, wenn sie nicht darauf vorbereitet sind. Das BAMF erwartet hier präzise Zeitangaben und Daten. In vielen Kulturen spielen derart präzise Zeitangaben keine Rolle, zudem nehmen sich viele Antragsteller/-innen vor Erschöpfung, Aufregung, Problemen mit dem Dolmetscher oder Ähnlichem nicht ausreichend Zeit, um die genaue Abfolge der Ereignisse zu sortieren. So kann es passieren, dass eine Person angibt, am 1. Januar 2015 ihr Heimatland verlassen zu haben und am 1. Januar 2016 in die BRD eingereist zu sein. Werden jedoch anschließend die einzelnen Stationen der Fluchtroute und die Dauer der Aufenthalte in den jeweiligen Ländern angegeben, kommt man zusammengerechnet auf insgesamt acht Monate, anstatt auf zwölf. Das hat in der Regel nichts damit zu tun, dass die Angaben insgesamt nicht zutreffen, sondern damit, dass es schwierig ist, sich an alles »auf Kommando« zu erinnern. Die so entstehenden Widersprüche oder Missverständnisse führen im schlimmsten Fall dazu, dass die gesamten Angaben seitens des BAMF als unglaubhaft gewertet werden.

Es ist von entscheidendem Vorteil, wenn bereits zum Zeitpunkt der Asylantragstellung eine chronologische Abfolge der Geschehnisse (Ausreise aus dem Herkunftsland, Fluchtroute mit Dauer der Aufenthalte in den verschiedenen Ländern, Einreise in die BRD) sowie die Angabe von Daten wie Heiratsdatum, Name und Geburtsdaten auch des Ehepartners, der Kinder und der Adoptiv- und Stiefkinder vom Antragsteller/von der Antragstellerin wiedergegeben werden können. Eine spätere Korrektur von Angaben ist in der Regel nur möglich, wenn entsprechende Nachweise vorgelegt werden können. Dies ist aufgrund fehlender Ausweis- bzw. Reisedokumente jedoch häufig unmöglich.

3.3.3 Anhörung zur Bestimmung des zuständigen Mitgliedstaates

Im ersten Prüfungsschritt prüft das BAMF, ob es für die Durchführung des Verfahrens überhaupt zuständig ist. Anhand der Fragen der zweiten Anhörung soll daher ermittelt werden, ob der Antragsteller/die Antragstellerin bereits in einem anderen Land ein Asylverfahren betrieben hat bzw. ob dem Antragsteller/der Antragstellerin bereits in einem andern Staat der internationale Schutz zuerkannt wurde. Ist dies der Fall und liegen keine außergewöhnlichen Gründe vor, die eine Zuständigkeit der BRD für das Verfahren begründen, steigt das BAMF nicht in die inhaltliche Prüfung des Asylantrags ein, sondern leitet in der Regel ein sogenanntes Dublin-Verfahren (siehe hierzu Kapitel 3.5) oder ein Zweitantrags-, Folgeantrags- oder Drittstaaten-Verfahren ein.

Die Anhörung ist als Ankreuzfragebogen aufgesetzt, die Kreuze setzt das BAMF anhand der gedolmetschten Antworten des Antragstellers/der Antragstellerin.

- Haben Sie Familienangehörige (Ehegatten, Kinder, Geschwister) oder Verwandte (Onkel, Tanten, Großeltern) in Deutschland oder einem anderen Mitgliedstaat?
- Wen? Nennen Sie bitte Familiennamen (gegebenenfalls Geburtsnamen), Vornamen, Geburtsdatum, Geburtsort, Geschlecht und verwandtschaftliche Beziehung.
- Können Sie Nachweise über die verwandtschaftliche Beziehung vorlegen?
- Wo hält sich der Familienangehörige/Verwandte auf (Mitgliedstaat und konkrete Adresse)?
- Wurde für den Familienangehörigen/Verwandten in einem anderen Mitgliedstaat/in anderen Mitgliedstaaten ein Antrag auf internationalen Schutz gestellt? In welchem Staat?
- Sind Sie auf die Unterstützung eines Familienangehörigen/Verwandten angewiesen? Warum?
- Haben oder hatten Sie ein Aufenthaltsdokument oder ein Visum für die BRD?
- Wenn ja, von wem wurde es ausgestellt? Wann wurde es ausgestellt? Wie lange war es gültig?
- Von welchem Land haben Sie Ihre Reise angetreten?
- Wann haben Sie Ihr Herkunftsland erstmalig verlassen?
- Nennen Sie die Länder, durch die Sie gereist sind (vom Verlassen des Herkunftslandes bis zur Einreise nach Deutschland).

- Nennen Sie Zeitpunkt und Dauer der Reise sowie die Dauer der jeweiligen Aufenthalte in den Ländern, die Sie durchquert haben.
- Wann sind Sie nach Deutschland eingereist?
- Welches Verkehrsmittel haben Sie bei Ihrer Einreise benutzt?
- Sind Sie über einen anderen Mitgliedstaat eingereist?
- In welchen Mitgliedstaat sind Sie zuerst eingereist?
- Wann sind Sie in diesen Mitgliedstaat eingereist?
- Wie lange haben Sie sich in diesem Mitgliedstaat aufgehalten?
- Unter welcher Adresse haben Sie sich in diesem Mitgliedstaat aufgehalten?
- Haben Sie seitdem das Gebiet der Dublin-Mitgliedstaaten verlassen?
- Wo haben Sie sich seitdem aufgehalten?
- Haben Sie Dokumente, die die Einreise, den Aufenthalt oder das Verlassen des Gebiets der Dublin-Mitgliedstaaten nachweisen?
- Haben Sie in einem anderen Mitgliedstaat/in anderen Mitgliedstaaten internationalen Schutz beantragt oder zuerkannt bekommen?
- In welchem Staat? Wann?
- Wo haben Sie gelebt?
- Haben Sie neue Gründe und Beweismittel, die nicht in dem früheren Verfahren geltend gemacht wurden und die ein neues Verfahren rechtfertigen sollen?
- Wurden Ihnen in einem anderen Mitgliedstaat Fingerabdrücke abgenommen? Wo?

Praxishinweis für den Fall der Zuständigkeit eines anderen Mitgliedstaates

Ist bereits zu Beginn des Verfahrens klar, dass ein anderer Staat für die Durchführung des Verfahrens zuständig

sein könnte, ist dringend erforderlich, bereits bei der
Befragung zur Bestimmung des zuständigen Mitgliedstaates möglichst ausführlich vorzutragen, warum man
in den eigentlich zuständigen Staat nicht zurückkehren
kann. Der Antragsteller/die Antragstellerin sollte hierzu
möglichst genau schildern, welchen menschenunwürdigen Bedingungen er/sie ausgesetzt war. Zudem sollten
alle schutzwürdigen Belange wie Familienangehörige in
der BRD, Krankheiten oder andere Belastungen genannt
werden.

Praxishinweis zum Umgang mit beschleunigten Verfahren

Seit Inbetriebnahme der sogenannten Ankunftszentren
und dem Inkrafttreten des Asylverfahrensbeschleuni-
gungsgesetzes erfolgen die beiden Befragungen meistens innerhalb der ersten drei Tage – die Anhörung zu den
Fluchtgründen innerhalb der ersten zwei Wochen nach
Asylantragstellung. Die Beschleunigung wirkt zunächst
einmal positiv, wurde doch in letzten Jahren viel darüber
berichtet und gestritten, dass die überlange Verfahrensdauer von ein bis fünf Jahren nicht länger hinnehmbar sei.
Die beschleunigte Bearbeitung der Asylverfahren ist aktuell jedoch nur in Fällen von Vorteil, in denen von vornherein klar ist, dass eine Schutzgewährung durch das BAMF
erfolgen wird (z. B. bei Personen, die einen Anspruch
auf Familienflüchtlingsschutz haben oder die aus Herkunftsländern stammen, für die eine hohe Anerkennungs-
quote besteht, oder bei »prominenten« Personen, deren
Fluchtursachen und Fluchtgeschichte durch Medien oder
andere Nachweise hinreichend belegt werden können).
Für alle anderen führt die Beschleunigung dazu, dass
eine fundierte Beratung, die Hinzuziehung eines Anwal-

tes/einer Anwältin, ein »Durchatmen und Sortieren« nach einer oft monatelangen strapazenreichen Flucht nicht mehr möglich ist. Umso kritischer gilt es daher, die aktuellen Entwicklungen zu beobachten, die Einhaltung von Verfahrensgarantien unermüdlich einzufordern und deren Missachtung direkt anzugreifen.

3.4 Aufenthaltsgestattung gemäß § 55 AsylG

Nach der förmlichen Asylantragstellung hat das BAMF dem Antragsteller/der Antragstellerin eine Aufenthaltsgestattung gemäß § 55 AsylG auszustellen. Diese ersetzt dann den Ankunftsnachweis. Wurde der Antragsteller/die Antragstellerin bereits einem bestimmten Landkreis oder einer Stadt zugewiesen, wird die Aufenthaltsgestattung durch die dortige Ausländerbehörde ausgestellt und später auch verlängert. Je nach Einzelfall wird die Aufenthaltsgestattung in der Regel für drei bis sechs Monate ausgestellt und muss regelmäßig verlängert werden.

Die Aufenthaltsgestattung ist kein regulärer Aufenthaltstitel, sondern gestattet lediglich den Aufenthalt in der BRD bis zum rechtskräftigen Abschluss des Asylverfahrens.

Die Rechte (Bewegungsfreiheit, Arbeitsmarkzugang u. a.) von Personen mit einer Aufenthaltsgestattung sind stark eingeschränkt. In den folgenden Abschnitten werden diese Einschränkungen im Einzelnen erläutert.

3.4.1 Räumliche Beschränkung gemäß § 56 AsylG

Für die ersten drei Monate der Aufenthaltsgestattung (gerechnet ab Ausstellung des Ankunftsnachweises) ist der Aufenthalt des Asylsuchenden gemäß § 56 räumlich auf den Bereich der Ausländerbehörde beschränkt, in dem

die für die Aufnahme des Asylsuchenden zuständige
Aufnahmeeinrichtung liegt (§ 56 Abs. 1 AsylG). Wird der
Asylsuchende innerhalb der ersten drei Monate nach Ausstellung des Ankunftsnachweises einem Landkreis oder
einer Stadt zugewiesen, gilt die räumliche Beschränkung
für diesen zugewiesenen Bereich (§ 56 Abs. 2 AsylG).

In dieser Zeit ist das auch nur vorübergehende Verlassen des vorgeschriebenen Aufenthaltsbereichs – ohne
vorherige Einholung einer gesonderten Erlaubnis – nur
in Ausnahmefällen, zum Beispiel bei einem Termin bei
einer Beratungsstelle oder einem Anwalt/einer Anwältin,
zugelassen (§ 57 und 58 AsylG). Das heißt: Nur wenn das
persönliche Erscheinen des/der Betroffenen durch eine
Behörde oder ein Gericht angeordnet wurde, bedarf es keiner Erlaubnis, das Verlassen des zugewiesenen Bereiches
ist dem BAMF jedoch anzuzeigen.

Die räumliche Beschränkung erlischt (§ 59a Abs. 1
AsylG), wenn sich der/die Asylsuchende seit drei Monaten ununterbrochen erlaubt, geduldet oder gestattet im
Bundesgebiet aufgehalten hat. Das Erlöschen tritt automatisch ein und bedarf keiner Streichung. Mit dem Erlöschen der räumlichen Beschränkung besteht eine
»Bewegungsfreiheit« für das ganze Bundesgebiet. Die
Wohnverpflichtung (siehe hierzu 3.2) existiert jedoch bis
zum Abschluss des Asylverfahrens und im Zweifel auch
darüber hinaus weiter fort.

Die räumliche Beschränkung erlischt nicht, abweichend
von § 59a Abs. 1 Satz 1 AsylG, solange die Verpflichtung,
in der EAE zu wohnen, fortbesteht.

Der wiederholte Verstoß gegen die räumliche Beschränkung stellt gemäß § 95 Abs. 6a AufenthG einen
Straftatbestand, der erstmalige Verstoß nur eine Ordnungs-
widrigkeit gemäß § 98 Abs. 3 Nr. 2 AufenthG dar. Die Mittel zur Durchsetzung der räumlichen Beschränkung sind
unverhältnismäßig drastisch und in § 59 AsylG geregelt.

3.4.2 Erwerbstätigkeit gemäß § 61 AsylG

Gemäß § 61 Abs. 1 AsylG darf für die Dauer der Pflicht, in einer Aufnahmeeinrichtung zu wohnen, keine Erwerbstätigkeit ausgeübt werden (zur Wohnverpflichtung siehe Kapitel 3.2).

Für Personen, die aus der Erstaufnahmeeinrichtung entlassen wurden, besteht nach dem Ablauf von drei Monaten (gerechnet ab Erteilung des Ankunftsnachweises/ der BÜMA) ein sogenannter eingeschränkter Zugang zum Arbeitsmarkt. Eingeschränkt, weil die Erteilung der Beschäftigungserlaubnis im Ermessen der Ausländerbehörde liegt und zudem – außer in bestimmten Ausnahmenfällen[5] – eine Zustimmung der Bundesagentur für Arbeit erforderlich ist. Es wird folglich keine generelle Arbeitserlaubnis erteilt, sondern der Antragsteller/ die Antragstellerin muss – ohne Beschäftigungserlaubnis – eine Arbeit finden und dann unter der Vorlage eines bestimmten Arbeitsangebots bei der Ausländerbehörde eine Beschäftigungserlaubnis beantragen.

Bis zum 6. August 2016 hat die Bundesagentur für Arbeit zudem bis zum Ablauf von 15 Monaten Aufenthaltsgestattung eine sogenannte Vorrangprüfung durchgeführt. Hierbei wurde geprüft, ob eine bestimmte Arbeitsstelle nicht vorrangig Deutschen, EU-Staatlern oder anderen Personen, die über einen uneingeschränkten Zugang zum Arbeitsmarkt verfügen, zur Verfügung zu stehen hat. Mit der vierten Verordnung zur Änderung der Beschäftigungsverordnung ist die Vorrangprüfung für drei Jahre über-

---

5   Die Ausnahmen ergeben sich aus § 32 Abs. 2 in Verbindung mit § 32 Abs. 4 sowie § 32 Abs. 5 BeschVO in Verbindung mit § 61 Abs. 2 AsylG. Eine Übersicht finden Sie in folgendem Link: http://ggua.de/fileadmin/downloads/tabellen_und_uebersichten/Zugang_zu_Arbeit_mit_Duldung_November_2014.pdf

wiegend ausgesetzt. Eine Vorrangprüfung erfolgt deshalb – außer in Mecklenburg-Vorpommern sowie in einigen Landkreisen in Bayern und Nordrhein Westfalen – nicht mehr. Mit Aussetzung der Vorrangprüfung sollte der Zugang zum Arbeitsmarkt auch für Menschen mit Aufenthaltsgestattung deutlich vereinfacht werden.

Die Handhabung bezüglich des Zugangs zum Arbeitsmarkt ist von Bundesland zu Bundesland sehr unterschiedlich. Erstens gilt in einigen Bezirken[6] die Aussetzung nicht. Zweitens berufen sich manche Ausländerbehörden auf ihr Ermessen und machen die Erteilung von weiteren Voraussetzungen abhängig, wie zum Beispiel von der »Bleibeperspektive« oder Erfüllung von Mitwirkungspflichten. Auch prüft z. B. die BAG trotz des Wegfalls der Vorrangprüfung weiterhin die Bedingungen der Arbeitsstelle (Arbeitsentgelt, Arbeitszeiten und sonstige Arbeitsbedingungen/sogenannte Beschäftigungsbedingungsprüfung). Wenn die BAG zu dem Ergebnis kommt, dass Deutsche, EU-Staatler oder andere Personen, die über einen uneingeschränkten Zugang zum Arbeitsmarkt verfügen, durch die Bedingungen des Arbeitsangebots benachteiligt werden, kann sie ihre Zustimmung verweigern – mit der Folge, dass der Antrag seitens der Ausländerbehörde abzulehnen ist. Erst nach dem Ablauf von vier Jahren gestattetem Aufenthalt (gerechnet ab Erteilung des Ankunftsnachweises/der BÜMA) ist keine Zustimmung der BAG mehr erforderlich.

Welche Erwägungen die Ausländerbehörde im Rahmen ihrer Ermessensentscheidung heranzieht, ist abhängig vom Einzelfall.

---

6 Auf welche Bezirke das zutrifft, können Sie dem folgenden Link entnehmen: http://www.einwanderer.net/fileadmin/downloads/tabellen_und_uebersichten/Zugang_zu_Arbeit_mit_Duldung_November_2014.pdf

3.4.3 Integrationskurs und Sprachkurs

Für Personen mit Aufenthaltsgestattung besteht kein gesetzlicher Anspruch auf Teilnahme an einem Integrations- oder Sprachkurs.[7] Die Teilnahme kann jedoch gemäß § 44 Abs. 4 Nr. 1 AufenthG beantragt werden. Gemäß § 44 Abs. 1 AufenthG können Personen mit Aufenthaltsgestattung zu einem Integrationskurs zugelassen werden, »bei denen ein rechtmäßiger und dauerhafter Aufenthalt zu erwarten ist«. Dies gilt für Personen aus den Herkunftsländern Syrien, Iran, Irak, Eritrea und Somalia (es sei denn, es handelt sich um ein Dublin-Verfahren). Alle anderen sind zunächst vom Integrationskurs ausgeschlossen. Ob es Sinn macht, auch für Antragsteller/-innen aus anderen Herkunftsländern einen Antrag zu stellen und zu begründen, warum in diesem Fall von einer dauerhaften Bleibeperspektive auszugehen ist, lässt sich nicht einheitlich beantworten und ist abhängig vom Einzelfall.

3.5 Erste Hürde: Dublin-Verfahren

3.5.1 Was ist ein Dublin-Verfahren?

Ein Dublin-Verfahren wird eingeleitet, wenn aufgrund der Befragung über die Bestimmung des zuständigen Mitgliedstaates oder aus anderen Gründen Anhaltspunkte dafür vorliegen, dass ein anderer Dublin-Mitgliedstaat für die Durchführung des Asylverfahrens zuständig sein könnte. Die Dublin-Mitgliedstaaten sind neben den 28 Mitgliedstaaten der EU auch die Schweiz, Liechtenstein, Island und Norwegen.

---

7 Siehe hierzu: http://www.bamf.de/SharedDocs/Anlagen/DE/ Downloads/Infothek/Integrationskurse/Kursteilnehmer/An-traegeAlle/630–007_antrag-zulassung-integrationskurs-ausl_ pdf.html?nn=1368278

Das Verfahren heißt Dublin-Verfahren, da es auf dem sogenannten Dubliner Übereinkommen aus dem Jahr 1990 basiert. Auf Grundlage des Dubliner Übereinkommens wurde zunächst im Jahr 2003 die Dublin-II-Verordnung geschaffen, die im Jahr 2013 von der Dublin-III-Verordnung abgelöst wurde, die bis heute gilt.

In der Dublin-III-VO sind sowohl die Kriterien für die Bestimmung des zuständigen Mitgliedstaates als auch das Verfahren zur Durchsetzung und Vollziehung der Zuständigkeit geregelt. Anhaltspunkte für die Zuständigkeit eines anderen Mitgliedstaates ergeben sich in der Regel aus:

- dem Abgleich der Fingerabdrücke mit dem sogenannten Eurodac-System (European Dactyloscopy, Datenbank zur europaweiten Erfassung von Fingerabdrücken),
- dem Abgleich mit dem sogenannten Visainformationssystem (VIS),
- den Unterlagen, die vorgelegt werden müssen oder bei dem Antragsteller/der Antragstellerin gefunden werden,
- den eigenen Angaben des Antragstellers/der Antragstellerin, zum Beispiel im Rahmen der Anhörung über die Bestimmung des zuständigen Mitgliedstaates (siehe Kapitel 3.3.3).

Leitet das BAMF ein Dublin-Verfahren ein, ist der Antragsteller/die Antragstellerin darüber zu informieren.

3.5.2 Bestimmung des zuständigen Mitgliedstaates

Für die Bestimmung des zuständigen Mitgliedstaates gilt grundsätzlich das sogenannte Verursacher- bzw. Verantwortungsprinzip, das heißt, zuständig für die Durchführung des Asylverfahrens ist der Staat, der es zugelassen bzw. nicht verhindert hat, dass eine asylsuchende Person in das Dublin-Gebiet eingereist ist.

Das Verursacherprinzip greift nur dann nicht, wenn der Antragsteller/die Antragstellerin minderjährig ist oder sich auf die Wahrung und den Schutz der Familieneinheit berufen kann. Für die Bestimmung des zuständigen Mitgliedstaates hat das BAMF deshalb ein streng durch die Dublin-III-VO vorgegebenes Prüfverfahren einzuhalten, bei dem die Minderjährigkeit und die Familieneinheit vorrangig zu prüfen sind. Das Prüfverfahren ist in Art. 8–17 Dublin-III-VO festgelegt.

3.5.2.1 Art. 8 Dublin-III-VO Minderjährigenschutz

– Handelt es sich um einen unbegleiteten minderjährigen Flüchtling, der weder Familienangehörige noch Verwandte in einem anderen Mitgliedstaat hat, ist grundsätzlich der Mitgliedstaat zuständig, in dem der UMF/A seinen Asylantrag stellt.
– Leben die Eltern oder Geschwister des Minderjährigen, der in der BRD einen Asylantrag stellt, rechtmäßig in einem anderen Mitgliedstaat, so ist der Staat, in dem sich die Familienangehörigen oder Verwandten aufhalten, für die Durchführung des Asylverfahrens zuständig, soweit dies dem Kindeswohl entspricht.
– Kann der/die Minderjährige einen Verwandten benennen, der sich in einem anderen Mitgliedstaat aufhält und der bereit ist, für das Kind zu sorgen, ist der Staat zuständig, in dem sich der benannte Verwandte aufhält, wenn dies dem Kindeswohl entspricht.

Vorausgesetzt wird, dass die Familie schon im Herkunftsland bestanden hat. Sowohl der Begriff der Familienangehörigen wie auch der des Verwandten wird durch Art. 2g) der Dublin-III-VO definiert und dadurch stark eingeschränkt. Gemäß Art. 2g) Dublin-III-VO sind Familienangehörige:

- Ehepartner oder Partner aus einer anderen rechtlich anerkannten dauerhaften Beziehungsform,
- minderjährige Kinder, Adoptivkinder und – nach der hier vertretenen Auffassung – auch Stiefkinder.

Familienangehörige eines Minderjährigen sind:
- Eltern und Geschwister oder andere Erwachsene (z. B. Pflegeeltern/Vormünder), die für die Minderjährige/ den Minderjährigen verantwortlich sind,
- minderjährige Kinder des/der Minderjährigen.

Dies gilt allerdings nur, solange der/die Minderjährige nicht verheiratet ist. Ist er/sie verheiratet oder lebt in einer anderen rechtlich anerkannten Beziehungsform und hat die Ehe bereits im Herkunftsland bestanden, kann nur auf die Eltern als Familienangehörige abgestellt werden, wenn der Ehepartner/Lebenspartner sich nicht im Gebiet der Mietgliedstaaten aufhält.

Verwandte sind gemäß Art. 2 h) Dublin-III-VO ausschließlich:
- der volljährige Onkel, die volljährige Tante,
- ein Großelternteil des/der Minderjährigen.

3.5.2.2 Art. 9, 10 und 11 Dublin-III-VO Schutz der Familieneinheit

Hat der Antragsteller/die Antragstellerin in einem anderen Mitgliedstaat einen Familienangehörigen/eine Familienangehörige, dem/der dort internationaler Schutz zuerkannt wurde, ist der Mitgliedstaat zuständig, in dem der/ die Familienangehörige als Begünstigter/Begünstigte des internationalen Schutzes lebt. Es ist in diesem Fall *nicht* erforderlich, dass die Familie bereits im Herkunftsland bestanden hat. Den Wunsch, mit Familienangehörigen zusammengeführt zu werden, *muss der Antragsteller/die Antragstellerin innerhalb von drei Monaten nach der Asyl-*

antragstellung schriftlich kundtun (das heißt, er/sie muss einen Antrag stellen)!

Befinden sich die Familienangehörigen in einem anderen Mitgliedstaat selbst noch im laufenden Asylverfahren, so ist der Mitgliedstaat, in dem sich die Familienangehörigen befinden, für die Durchführung des Asylverfahrens des Antragstellers/der Antragstellerin zuständig, *wenn* die Familie bereits im Herkunftsland bestanden hat. Befinden sich alle Familienangehörigen noch im Asylverfahren, ist in der Regel der Mitgliedstaat zuständig, in dem sich der überwiegende Teil der Familie befindet oder in dem der erste/älteste Asylantrag gestellt wurde. Auch hier hat der Antragsteller/die Antragstellerin *den Wunsch, mit Familienangehörigen zusammengeführt zu werden, innerhalb von drei Monaten nach der Antragsstellung, schriftlich* kundzutun (das heißt, einen Antrag zu stellen)!

Stellen mehrere Familienangehörige und/oder minderjährige unverheiratete Geschwister gleichzeitig oder in einem engen zeitlichen Zusammenhang in einem Mitgliedstaat einen Asylantrag und würde die Anwendung der Dublin-III-VO dazu führen, dass die Familie aufgrund der Zuständigkeit unterschiedlicher Mitgliedstaaten getrennt werden könnte, so ist der Mitgliedstaat zuständig, der für die überwiegende Zahl der Familienangehörigen zuständig ist. Andernfalls ist der Mitgliedstaat zuständig, der zeitlich als erster mit dem Asylverfahren eines Angehörigen dieser Familie befasst war.

Die unter 3.5.2.1 und 3.5.2.2 beschriebenen Verfahren sind sogenannte Dublin-Familienzusammenführungsverfahren.

Zuständig für die Durchführung der Dublin-Familienzusammenführungsverfahren sind die für die Asylverfahren der Betroffenen zuständigen Behörden. Das ist in

der BRD das BAMF, und zwar die Dublin-Unit in Dort-
mund und in dem jeweiligen Dublin-Staat die jeweils dort
zuständige Asylbehörde.

Fallbeispiel

Frau M. aus Syrien und ihre drei Kinder befinden sich in
Deutschland im laufenden Asylverfahren. Der Ehemann bzw.
Vater ist in Griechenland. Die Familie hat bereits im Her-
kunftsland bestanden.

Zunächst muss der Ehemann einen förmlichen Asylantrag
in Griechenland stellen. Ist dies gelungen, muss er innerhalb
von drei Monaten seinen Wunsch äußern, nach Deutschland
zu seiner Familie überstellt zu werden, und muss die Fami-
lienangehörigkeit mit geeigneten Dokumenten nachweisen.
Die griechische Asylbehörde richtet dann ein sogenanntes
Aufnahmeersuchen an die Dublin-Unit des BAMF in Dort-
mund und verweist auf die Zuständigkeit der BRD (siehe
die bereits aufgeführten Kriterien der Dublin-III-VO). Stimmt
die BRD der Aufnahme zu, hat die griechische Asylbehörde
den Ehemann innerhalb von sechs Monaten (gerechnet ab
der Zustimmung der BRD) nach Deutschland zu überstellen (Überstellungsfrist). Der Ehemann kann also nicht einfach ein Ticket buchen und nach Deutschland fliegen (dafür
bräuchte er ein Visum der deutschen Botschaft), sondern
die griechische Asylbehörde muss eine Überstellung in die
BRD vornehmen. Steht fest, wann diese erfolgen kann, wird
der Ehemann informiert. In der Regel wird er dann aufgefordert bei einem bestimmten Reisebüro in Athen ein Ticket zu
buchen. (Der Dublin-III-VO folgend, sollen die Flugkosten von
den griechischen Behörden getragen werden. Das wird aber
in der Praxis zunehmend leider nicht mehr so gehandhabt).
Das Reisebüro informiert die griechische Asylbehörde über
die Flugbuchung. Die griechische Asylbehörde informiert die
Dublin-Unit in der BRD über die bevorstehende Einreise und
stattet den Ehemann mit den für die Einreise notwendigen

Unterlagen aus. Nach der Einreise hat sich der Ehemann bei der Außenstelle des Bundesamtes zu melden, die für das Asylverfahren seiner Familie zuständig ist. Er befindet sich damit in der BRD im laufenden Asylverfahren.

Praxishinweis zur Dublin-Familienzusammenführung

Hält – wie im Fallbeispiel – Griechenland die Überstellungsfrist nicht ein, geht die Zuständigkeit für die Durchführung des Asylverfahrens des Ehemannes auf Griechenland über. Die BRD ist damit nicht mehr verpflichtet, den Ehemann im Rahmen der Dublin-Familienzusammenführung aufzunehmen. Es ist deshalb sinnvoll, bei beiden Dublin-Units (GR und BRD) Druck zu machen. Erhält man keine Reaktion, kann es sinnvoll sein, einen Eilantrag beim Verwaltungsgericht anhängig zu machen, mit dem das BAMF verpflichtet wird, die Einreise der betroffenen Person umgehend zu ermöglichen.

Der Ablauf des Verfahrens ist für alle Dublin-Familienzusammenführungsverfahren gleich und entspricht somit in der Regel dem Fallbeispiel. Insbesondere für Griechenland, gilt allerdings folgende Ausnahme: Die Dublin-Familienzusammenführung wird in der Regel auch dann gewährt, wenn der überwiegende Teil der Familie sich in Griechenland und nicht in der BRD befindet. Dies hängt damit zusammen, dass die Überstellungen nach Griechenland seitens der BRD zwischen 2011 und März 2017 ausgesetzt wurden. Seit März 2017 sollen Überstellungen zwar wieder möglich sein, werden jedoch in der Praxis kaum durchsetzbar sein, weil Griechenland die für die Aufnahme notwendigen Mindeststandards nicht vorweisen kann.

3.5.2.3 Art. 12, 13, 14, 15 Dublin-III-VO
Verursacherprinzip

Greifen die Regelungen zum Minderjährigen-Schutz
sowie zur Wahrung der Familieneinheit nicht, gilt das
sogenannte Verursacherprinzip.

Nach dem Verursacherprinzip ist der Staat zuständig

- der dem/der Betroffenen ein Visum erteilt hat, unabhängig davon, ob dieses durch Täuschung oder rechtmäßig erlangt wurde,
- der es nicht verhindert hat, dass der/die Betroffene
  illegal die Außengrenzen des Dublin-Gebiets überschritten hat,
- in dessen Hoheitsgebiet der/die Betroffene ohne Visum
  einreisen konnte und dadurch Zugang zum Dublin-
  Gebiet erlangt hat,
- in dessen Transitbereich ein Asylantrag gestellt wird.

3.5.2.4 Art. 16 und 17 Dublin-III-VO
der sogenannte Selbsteintritt

Gemäß Art. 16 und 17 Dublin-III-VO kann ein Mitgliedstaat, auch wenn nach den bereits genannten Kriterien
ein anderer Mitgliedstaat für die Durchführung des Asylverfahrens zuständig ist, im Rahmen des Ermessens von
seinem sogenannten Selbsteintrittsrecht (Art. 17 Dublin-
III-VO) Gebrauch machen. Demnach kann jeder Mitgliedstaat zu jeder Zeit ohne besondere Begründung die
Zuständigkeit für die Durchführung des Asylantragstellers übernehmen, auch wenn die Zuständigkeit nach
den zuvor genannten Kriterien einem anderen Mitgliedstaat obliegt.

In Art. 16 Dublin-III-VO sind einige Regelbeispiele für
einen Selbsteintritt gemäß § 17 Dublin-III-VO genannt.
Bei Vorliegen dieser Regelbeispiele *soll* ein Selbsteintritt
erfolgen. Im Gegensatz zu einer *kann*-Formulierung im
Gesetz ist das Ermessen bei sogenannten Sollvorschriften

dahingehend eingeschränkt, dass beim Vorliegen der Regelbeispiele die begehrte Handlung in der Regel erfolgen muss. Art. 16 Dublin-III-VO findet Anwendung, wenn »abhängige Personen« aufgrund der Zuständigkeit eines anderen Mitgliedstaats im Falle einer Abschiebung/ Zurückschiebung in diesen Mitgliedstaat voneinander getrennt würden. Der Begriff »abhängige Personen« ist in Art. 16 Abs. 1 und 2 Dublin-III-VO definiert. Die Aufzählung der dort aufgeführten Personen ist abschließend und gilt nur, wenn die familiäre Bindung bereits im Herkunftsland bestanden hat.

Ein Beispiel für die Ausübung des Selbsteintrittsrechts ist die bereits erwähnte Aussetzung der Dublin-Überstellungen nach Griechenland. In der Zeit vom Januar 2011 bis zum März 2017 hat das BAMF aufgrund der menschenunwürdigen Zustände, die für Asylantragsteller/-innen in Griechenland bestanden/bestehen, in allen Dublin-Verfahren mit Bezug nach Griechenland pauschal von seinem Selbsteintrittsrecht Gebrauch gemacht.

Praxishinweis zum Selbsteintritt

In Fällen besonders schutzbedürftiger Personen, wie zum Beispiel Familien mit kleinen Kindern, alleinstehenden Frauen oder kranken Personen, sollte das BAMF unbedingt aufgefordert werden, von seinem Selbsteintrittsrecht Gebrauch zu machen.

3.5.3 Durchsetzung der Zuständigkeit

Hat das BAMF festgestellt, dass ein anderer Mitgliedstaat für die Durchführung des Asylverfahrens zuständig ist, muss es ein Übernahmeersuchen an den zuständigen

Mitgliedstaat richten. Hat der Antragsteller/die Antragstellerin bereits einen Asylantrag in dem anderen Mitgliedstaat gestellt, handelt es sich um ein Wiederaufnahmeersuchen (Art. 23f Dublin-III-VO). Wurde noch kein Asylantrag gestellt, handelt es sich um ein Aufnahmeersuchen (Art. 21f Dublin-III-VO).

Ob bereits ein Asylantrag gestellt wurde, ergibt sich in der Regel anhand der in der Eurodac-Datei gespeicherten Fingerabdrücke. Denn die Antragsteller/-innen werden im Rahmen der Asylantragstellung erkennungsdienstlich behandelt und ihre Fingerabdrücke werden unter anderem mit dem Eurodac- und Visainformationssystem (VIS) (funktioniert nur für Schengen-Staaten) abgeglichen. Wurde der Antragsteller/die Antragstellerin in einem anderen Mitgliedstaat oder bei einer Botschaft bereits erkennungsdienstlich behandelt, kommt es dementsprechend zu sogenannten Eurodac- bzw. Visatreffern. Anhand der Eurodac-Treffer lässt sich ermitteln, in welchem Land (Abkürzung der Länderbezeichnung) der Antragsteller bereits erkennungsdienstlich behandelt wurde und zu welchem Zweck (Zahl hinter der Länderabkürzung). Es gibt drei Kategorien von Eurodac-Treffern:

- Kategorie 1: Asylantrag gestellt, zum Beispiel IT1 (Der Antragsteller/die Antragstellerin hat in Italien einen Asylantrag gestellt).
- Kategorie 2: illegaler Grenzübertritt, zum Beispiel GR2 (Der Antragsteller/die Antragstellerin hat die EU-Außengrenze Griechenlands illegal überschritten, hat jedoch keinen Asylantrag gestellt).
- Kategorie 3: illegaler Aufenthalt (auch Aufgriffs-Treffer genannt), zum Beispiel HU3 (Der Antragsteller/die Antragstellerin wurde in Ungarn aufgegriffen, hat aber keinen Asylantrag gestellt).

3.5.4 Pflichten des BAMF

Geht das BAMF von der Zuständigkeit eines anderen Mitgliedstaates aus, muss es innerhalb bestimmter Fristen tätig werden.

3.5.4.1 Frist für Übernahmeersuchen

Das BAMF muss innerhalb einer bestimmten Frist ein sogenanntes Übernahmeersuchen an den Mitgliedstaat richten, der den Antragsteller/die Antragstellerin (wieder-)aufnehmen soll. Die Länge der Frist, deren Beginn und Ende sind abhängig davon, ob es sich um ein Aufnahme- oder Wiederaufnahmeverfahren handelt bzw. welche Form der Eurodac- oder Visatreffer vorliegt. Hat das BAMF bis zum Ablauf der jeweiligen Frist kein Übernahmeersuchen an den zuständigen Mitgliedstaat gesandt, geht die Zuständigkeit für das Asylverfahren auf die BRD über (zur Fristenberechnung siehe Tabelle 2 und 3, S. 71 f.).

Sobald im Rahmen des Übernahmeverfahrens feststeht, dass der ersuchte Mitgliedstaat für die Durchführung des Asylverfahrens des/der Betroffenen zuständig ist, kann das BAMF den Asylantrag des/der Betroffenen als unzulässig gemäß § 29 Abs. 1 Nr. 1a AsylG ablehnen und die Abschiebung in den zuständigen Mitgliedstaat anordnen.

3.5.4.2 Frist für Überstellung/Abschiebung

In dem Moment, in dem die Zuständigkeit des anderen Mitgliedstaats feststeht, beginnt die sogenannte Überstellungsfrist zu laufen. Gelingt es dem BAMF nicht, den Antragsteller/die Antragstellerin innerhalb dieser Frist in den zuständigen Mitgliedstaat zu überstellen bzw. abzuschieben, geht die Zuständigkeit für die Durchführung des Asylverfahrens ebenfalls auf die BRD über. Die Überstellungsfrist beträgt in der Regel sechs Monate, es sei denn,

die zu überstellende Person befindet sich in Straf- oder
U-Haft. In diesem Fall verlängert sich die Frist automatisch
auf zwölf Monate, im Falle eines Untertauchens auf 18 Monate (zur Fristenberechnung siehe Tabelle 2 und 3, S. 71 f.).

**Praxishinweis zur Vermeidung
einer Verlängerung der Überstellungsfrist**

Die Überstellungsfrist wird durch die Einlegung von
Rechtsmitteln (Eilantrag) beim Gericht unterbrochen
und beginnt nach negativer Entscheidung des Gerichts
über diesen Eilantrag neu zu laufen. Für die Praxis bedeutet dies, dass es in einigen Verfahren sinnvoll sein kann,
kein Rechtsmittel einzulegen, zum Beispiel wenn von
vornherein klar ist, dass das Rechtsmittel keinen Erfolg
haben wird und die Überstellungsfrist von sechs Monaten
bereits wenige Tage später abläuft und folglich nicht zu
erwarten ist, dass die Überstellung noch innerhalb der
genannten Frist vollzogen werden kann.

Taucht die zu überstellende Person unter, kann die
Frist auf 18 Monate verlängert werden.

ACHTUNG: Begibt sich eine zu überstellende Person
ins Kirchenasyl, müssen dem BAMF sowie der Ausländerbehörde und eventuell auch der für die Überstellung bzw.
Abschiebung zuständigen Ausländerbehörde (in einigen
Bundesländern ist dies die sogenannte »zentrale Ausländer-
derbehörde«, die nicht mit der ansonsten für die Person
zuständigen Ausländerbehörde identisch ist) unverzüglich die Adresse der Kirche oder des Gemeinderaums, in
dem das Kirchenasyl in Anspruch genommen wird, mitgeteilt werden. Wird dies versäumt, und ist die Person nicht
mehr an ihrer ursprünglichen Adresse auffindbar, gilt
sie als untergetaucht. Dies hat zur Folge, dass die Überstellungsfrist sich auf 18 Monate verlängert. Die Verlängerung der Überstellungsfrist erfolgt nicht automatisch,

sondern muss dem zuständigen Mitgliedstaat rechtzeitig vor Ablauf der sechs Monatsfrist mitgeteilt werden. Hat das BAMF dies versäumt, kann sich der Antragsteller / die Antragstellerin gegebenenfalls auf den Ablauf der Überstellungsfrist berufen.

Tabelle 2 bietet einen Überblick über die Aktionen, Fristen und Folgen bei Fristüberschreitungen, die bei einem Wiederaufnahmeverfahren gelten, das heißt für den Fall, dass im ersuchten Mitgliedstaat *bereits ein Asylantrag gestellt* wurde.

Tabelle 2: Überblick über die Fristen bei einem Wiederaufnahmeverfahren

Aktion	Frist	Folgen bei Fristüberschreitung
Ersuchen ist an den zuständigen Mitgliedstaat zu richten	– drei Monate (gerechnet ab Asylantragstellung, wenn kein Eurodac-Treffer vorliegt) – zwei Monate bei Eurodac-Treffer (gerechnet ab Eurodac-Treffer-Meldung)	Der ersuchende Mitgliedstaat wird zuständig.
Antwort des ersuchten Mitgliedstaats	– ein Monat (gerechnet ab Asylantragstellung) – zwei Wochen bei Eurodac-Treffer	Erfolgt innerhalb von einem Monat bzw. zwei Wochen keine Antwort, wird dies als fiktive Zustimmung des ersuchten Mitgliedstaates gewertet, das heißt, der ersuchte Mitgliedstaat wird zuständig (Überstellungsfrist beginnt zu laufen).
Überstellung / Abschiebung in den ersuchten Mitgliedstaat	– sechs Monate ab Zustimmung bzw. Zustimmungsfiktion des ersuchten Mitgliedstaates – zwölf Monate bei Straf- und U-Haft – 18 Monate bei einem Untertauchen oder Flüchtigsein der zu überstellenden Person	Ersuchender Mitgliedstaat wird zuständig.

Tabelle 3 bietet einen Überblick über die Aktionen, Fristen und Folgen bei Fristüberschreitungen, die bei einem Aufnahmeverfahren gelten, das heißt, im Fall, dass im ersuchten Staat *kein Asylantrag gestellt* wurde.

Tabelle 3: Überblick über die Fristen bei einem Aufnahmeverfahren

Aktion	Frist	Folgen bei Fristüberschreitung
Ersuchen ist an den zuständigen Mitgliedstaat zu richten	– drei Monate (gerechnet ab Asylantragstellung, wenn kein Eurodac-Treffer vorliegt) – zwei Monate bei Eurodac-Treffer (gerechnet ab Eurodac-Treffer-Meldung)	Der ersuchende Mitgliedstaat wird zuständig.
Antwort des ersuchten Mitgliedstaats	– zwei Monate bei Dringlichkeit ein Monat	Erfolgt innerhalb von zwei Monaten keine Antwort, wird dies als fiktive Zustimmung des ersuchten Mitgliedstaat gewertet, das heißt, der ersuchte Mitgliedstaat wird zuständig (Überstellungsfrist beginnt zu laufen).
Überstellung/ Abschiebung in den ersuchten Mitgliedstaat	– sechs Monate ab Zustimmung oder Zustimmungsfiktion des ersuchten Mitgliedstaats – zwölf Monate bei Straf- und U-Haft – 18 Monate bei einem Untertauchen oder Flüchtigsein der zu überstellenden Person	Ersuchender Mitgliedstaat wird zuständig.

3.5.5 »Anerkanntenproblematik«

Was geschieht mit Personen, die bereits in einem anderen Dublin-Staat internationalen Schutz (subsidiärer Schutz oder Flüchtlingsanerkennung) erhalten haben, mit sogenannten Anerkannten?

Für Anerkannte ist die Dublin-III-VO nicht anwendbar! Dies hat zur Folge, dass es keine Überstellungsfrist gibt, nach deren Ablauf keine Abschiebung mehr in den zuständigen Mitgliedstaat erfolgen kann.

Die Wiederaufnahme von anerkannten Personen erfolgt auf Grundlage von zwischenstaatlichen Abkommen, die je nach Staat unterschiedlich ausformuliert sind.

Personen, die bereits in einen anderen Dublin-Staat internationalen Schutz erhalten haben, können weder in Deutschland noch in einem anderen Dublin-Staat erneut die Flüchtlingsanerkennung oder den subsidiären Schutzstatus erhalten. Ihr Verfahren wird deshalb in der Regel als unzulässig abgelehnt (§ 29 Abs. Abs. 1 Nr. 2 AsylG). In einigen Ausnahmefällen haben das BAMF und auch einige Verwaltungsgerichte festgestellt, dass für eine Person, die beispielsweise in Ungarn als Flüchtling anerkannt wurde und schwer krank ist, aufgrund der menschenunwürdigen Bedingungen, die in Ungarn für Asylsuchende, aber auch für Anerkannte bestehen, ein Abschiebeverbot gemäß § 60 Abs. 5 AufenthG festzustellen ist. Das Abschiebeverbot bezieht sich dann nicht auf den Herkunftsstaat (vor einer Abschiebung in den Herkunftsstaat schützt bereits der internationale Schutz aus Ungarn), sondern auf Ungarn selbst.

Die »Anerkanntenproblematik« ist vor dem Hintergrund der menschenunwürdigen Lebensbedingungen, die in einigen EU-Ländern nicht nur für Asylsuchende, sondern auch für Anerkannte bestehen, ein sehr umstrittenes Thema. Der Hessische-Verwaltungsgerichtshof hat in seinen jüngsten Entscheidungen zu »Anerkannten« in Bulgarien und Ungarn deutlich gemacht, dass eine Ablehnung der Asylanträge unzulässig und eine Abschiebung nach Ungarn oder Bulgarien aufgrund der drohenden Rechtsverletzungen der Betroffenen rechtswidrig ist und den Betroffenen ein Anspruch auf Durchführung eines weiteren Verfahrens in der BRD zusteht.

Aktuell liegen diverse Vorlagebeschlüsse beim Europäischen Gerichtshof, der den nationalen Gerichten »helfen« soll, für diese Verfahren eine rechtlich zutreffende und für alle Mitgliedstaaten verbindliche Lösung zu finden. Dabei geht es zum Beispiel um Fragen, wie mit Dublin-Verfahren, aber auch mit Verfahren von Anerkannten umzugehen ist, wenn im zuständigen Mitgliedstaat aufgrund der Lebensbedingungen und systemischen Mängel im Asylverfahren im Falle einer Überstellung die Verletzung von Rechten des Asylantragstellers/der Asylantragstellerin droht.

Anerkannten wird in der BRD zwar in Ausnahmefällen ein Abschiebeverbot für Ungarn zuerkannt. Dieses ist jedoch deutlich schlechter, als der dem/der Anerkannten eigentlich zustehende/zuerkannte Status, nämliche die Flüchtlingsanerkennung oder der subsidiäre Schutz.

Praxishinweis zu anerkannten UMF

Wichtig ist die Unterscheidung zwischen »Anerkannten« und »Dublinern«, insbesondere für UMF. Denn anerkannte UMF haben in der Regel keine Chance auf ein weiteres Verfahren – mit der Folge, dass sie mit Eintritt der Volljährigkeit in den Staat, in dem die Anerkennung erfolgt ist, abgeschoben werden können. In Dublin-Verfahren ist hingegen, egal ob bereits in anderen Ländern eine Asylantragstellung erfolgt ist, immer das Land zuständig ist, in dem sich der Minderjährige aufhält.

Praxishinweis zur gesetzlichen Ausnahme-konstellation

Es gibt aktuell eine Konstellation, in der die Zuerkennung des SUBSIDIÄREN SCHUTZSTATUS (gilt nicht für die Flüchtlingsanerkennung) in einem anderen Dublin-Staat bereits per Gesetz nicht zu einer Unzulässigkeitsentscheidung führen darf. Diese betrifft Personen, die in einem anderen Mitgliedstaat den subsidiären Schutzstatus erhalten haben und vor dem 20. Juli 2015 in der BRD einen Asylantrag gestellt haben. Da der Begriff des internationalen Schutzes, der immer beide Schutzformen (subsidiären Schutz und Flüchtlingsanerkennung) beinhaltet, bis zum 20. Juli 2015 noch keine Anwendung gefunden hat, hat das BAMF zwischen beiden Schutzmöglichkeiten zu differenzieren. Das heißt: Da die Möglichkeit besteht, dass der Antragsteller / die Antragstellerin einen Anspruch auf Zuerkennung der Flüchtlingseigenschaft besitzt, ist das BAMF zur inhaltlichen Prüfung des Asylantrages verpflichtet.

3.6 Die persönliche Anhörung zu den Fluchtgründen – das Herzstück des Asylverfahrens (§ 25 AsylG)

Wird kein Dublin-Verfahren eingeleitet oder hat dieses mit einem Selbsteintritt oder mit einer Entscheidung des Gerichts, dass das Verfahren als nationales Verfahren zu führen ist, geendet, folgt die eigentliche Anhörung zu den Fluchtgründen das sogenannte »große Interview«. Die Anhörung ist der wichtigste Teil des gesamten Asylverfahrens. Das Protokoll der Anhörung ist die Grundlage für die Entscheidung über den Asylantrag und das gesamte weitere Verfahren.

3.6.1 Die Ladung zur Anhörung

3.6.1.1 Ladung von Personen, die ihren Wohnsitz außerhalb der EAE haben

Für Personen, die ihren Wohnsitz außerhalb der EAE haben gelten die Zustellungsvorschriften des § 10 AsylG. Die Ladung ist dem Antragsteller/der Antragstellerin oder seinem/ihrer Bevollmächtigten zuzustellen. Ist der Antragsteller/die Antragstellerin nicht anwaltlich vertreten und erreicht die Ladung den Antragsteller/die Antragstellerin nicht, muss er die Ladung, wenn keine Zustellungsfehler (z. B. Zustellung an die falsche Adresse, obwohl die richtige Adresse aktenkundig war) oder andere Fehler des BAMF (mangelhafte Belehrung über die Folgen des Nichterscheinens zur Anhörung) vorliegen, »gegen sich gelten lassen«. Konnte der Antragsteller/die Antragstellerin keine Kenntnis von der Ladung nehmen, wird er/sie auch nicht zu seiner/ihrer Anhörung erscheinen. Erscheint der Antragsteller/die Antragstellerin unentschuldigt nicht zur Anhörung, greift die gesetzliche Vermutung des § 33 Abs. 2 AsylG, dass er/sie sein/ihr Verfahren nicht weiter betreibt – mit der Folge, dass der Asylantrag gemäß § 33 AsylG eingestellt werden kann. Was zu tun ist, wenn das Verfahren gemäß § 33 AsylG eingestellt wurde, können Sie Kapitel 3.7.2 entnehmen.

3.6.1.2 Ladung von Personen, deren Wohnverpflichtung in der EAE fortbesteht

Für Personen, deren Wohnverpflichtung in der EAE fortbesteht gelten bezüglich der Ladung zur Anhörung die Vorgaben des § 25 Abs. 4 AsylG. Demnach soll die Anhörung möglichst im zeitlichen Zusammenhang mit der Antragstellung erfolgen. Ein zeitlicher Zusammenhang ist gegeben, wenn die Anhörung innerhalb einer Wochenfrist nach Asylantragstellung erfolgt. Eine förmliche Ladung ist nicht erforderlich (die Ladung erfolgt durch einen Aushang). Auch der/die Bevollmächtigte muss in diesem Falle nicht geladen werden. Kann die Anhörung nicht innerhalb der Wochenfrist erfolgen, muss sowohl der Antragsteller/die Antragstellerin wie auch deren/dessen Bevollmächtigter/Bevollmächtigte über den Anhörungstermin informiert werden (förmliche Zustellungsvorschriften gelten nicht).

> **Praxishinweis zum Verstoß gegen das Recht auf die Hinzuziehung eines Rechtsanwalts/ einer Rechtsanwältin**
>
> Die Regelung der nicht förmlichen Zustellungspflichten und der »Direktanhörung« verstößt gegen das Recht auf die Hinzuziehung eines Rechtsanwalts/einer Rechtsanwältin aus Art. 23 VerfahrensRL. Die Gewährung des Rechts aus Art. 23 VerfahrensRL gilt uneingeschränkt und ist deshalb selbst bei einer »Direktanhörung« zu beachten. In der Praxis wird die Durchsetzung des Rechts auf anwaltlichen Beistand zunehmend schwieriger, weil mit der Beschleunigung der Verfahren die Anhörungen zwar nicht unbedingt innerhalb der Wochenfrist erfolgen, aber zumindest in der Zeit, in der die Antragsteller/-innen noch verpflichtet sind, in der EAE zu wohnen. Eine Benachrichtigung erhält der Anwalt/die Anwältin dann häufig erst, wenn die Anhörung bereits stattgefunden hat. Es ist den Antragstellern/Antragstellerinnen deshalb dringend zu raten, den Anwalt/die Anwältin unverzüglich zu informieren.

3.6.2 Verfahrensgarantien

Das BAMF hat die Pflicht, den Antragsteller/die Antragstellerin persönlich anzuhören (§ 25 Abs. 1 AsylG). Aus der

VerfahrensRL sowie der Aufnahmerichtlinie-2013/33/EU
ergeben sich bezüglich der Anhörung eine Reihe weiterer
Verfahrensgarantien, die das BAMF zu gewährleisten hat:

- Gemäß Art. 15 Abs. 2 VerfahrensRL-2013 hat die Anhörung unter Bedingungen stattzufinden, die eine an-
  gemessene Vertraulichkeit gewährleisten.
- Das BAMF hat zudem geeignete Maßnahmen zu er-
  greifen, um sicherzustellen, dass die persönlichen Anhörungen unter Bedingungen durchgeführt werden, die
  den Antragstellern/Antragstellerinnen eine umfassende
  Darlegung der Gründe ihrer Anträge gestatten.
- Zu diesem Zweck hat das BAMF zu gewährleisten, dass
  die anhörende Person befähigt ist, die persönlichen
  und allgemeinen Umstände des Antrags einschließlich
  der kulturellen Herkunft, der Geschlechtszugehörig-
  keit, der sexuellen Ausrichtung, der Geschlechtsidenti-
  tät oder der Schutzbedürftigkeit des Antragstellers/der
  Antragstellerin zu berücksichtigen (Art. Abs. 3a Ver-
  fahrensRL-2013).
- Anhörungen von minderjährigen Antragstellern/An-
  tragstellerinnen müssen kindgerecht durchgeführt werden (Art. 15 Abs. 3e VerfahrensRL-2013).
- Das BAMF muss im Rahmen der Anhörung gewährleisten, dass die außergewöhnliche Situation von besonders schutzbedürftigen Personen hinreichend berücksichtigt wird z. B. von Behinderten, älteren Menschen,
  Schwangeren, Alleinerziehenden mit minderjährigen
  Kindern, Opfern von Menschenhandel, Personen mit
  psychischen Störungen und Personen, die Folter, Ver-
  gewaltigung oder sonstige schwere Formen körper-
  licher, psychischer oder sexueller Gewalt erlitten haben[8].

---

8   Vgl. Art. 24 VerfahrensRL-2013/32/EU und Art. 12 Aufnahme-
    richtlinie-2013/33/EU.

**Praxishinweis zur Anhörung besonders
schutzbedürftiger Personen**

Das BAMF verfügt zwar aufgrund der Verfahrensgarantien, die es gewährleisten muss, über besonders
geschultes Personal für die Anhörung von unbegleiteten Minderjährigen, Folteropfern, traumatisierten Personen, geschlechtsspezifisch Verfolgten sowie Opfern
von Menschenhandel. Dies bedeutet jedoch nicht, dass
dieses Personal in den betreffenden Verfahren auch ein-
gesetzt wird. Deshalb sollte unbedingt vor der Anhörung
schriftlich explizit auf die besondere Schutzbedürftigkeit hingewiesen werden. Da es aktuell viel zu wenige
besonders geschulte Anhörer/-innen gibt, kann es dann
trotzdem passieren, dass zum Beispiel geschlechtsspezifisch verfolgte Frauen oder Minderjährige von einer unge-
schulten Person angehört werden. Wird dies klar, kann
man die Anhörung abbrechen und darauf bestehen, dass
diese vertagt wird. Man kann zudem einfordern, dass die
Anhörung von einer Person gleichen Geschlechts durchgeführt wird. Letzteres gilt auch für den Dolmetscher/
die Dolmetscherin.

3.6.3 Absehen von der Anhörung

Ein Absehen von der Anhörung ist nur in Ausnahmefällen zulässig.

Gemäß § 24 Abs. 1 S. 2 AsylG kann von einer Anhörung abgesehen werden, wenn das BAMF den Antrag-
steller/die Antragstellerin als asylberechtigt anerkennen
will oder einem auf die Flüchtlingsanerkennung und den
subsidiären Schutz beschränkten Antrag (Antragsteller/
Antragstellerin hat auf die Prüfung von Asyl gemäß Art.
16a GG verzichtet) stattgeben will. Von der Anhörung ist

abzusehen, wenn der Asylantrag für ein im Bundesgebiet geborenes Kind unter sechs Jahren gestellt und der Sachverhalt aufgrund des Inhalts der Verfahrensakten der Eltern oder eines Elternteils ausreichend geklärt ist.

Neben diesen gesetzlich formulierten Ausnahmen kann das BAMF auf eine Anhörung verzichten, wenn der Antragsteller/die Antragstellerin aus gesundheitlichen Gründen dauerhaft nicht in der Lage ist, an einer Anhörung teilzunehmen. Unter Vorlage ärztlicher Atteste kann das BAMF gebeten werden, dass Verfahren ohne Anhörung im schriftlichen Verfahren zu führen. Die ärztlichen Atteste sollten explizit benennen, aufgrund welcher Erkrankungen eine Anhörung der Person nicht möglich ist. Es sollte dann, wenn möglich, schriftlich zu den Asylgründen Stellung genommen werden.

Praxishinweis zum Absehen von der Anhörung in »Familienasylverfahren«

Im Falle eines Antrages auf »Familienasyl«, wenn keine eigenen Fluchtgründe geltend gemacht werden sollen, lohnt es sich, sich explizit auf die Zuerkennung des Status des Stammberechtigten zu beschränken und darauf hinzuweisen, dass eine Anhörung entbehrlich ist. Da in der Regel nur eine positive Entscheidung ergehen kann und es beim Familienasyl nicht auf die eigenen Fluchtgründe, sondern lediglich auf die Familienzugehörigkeit ankommt (und diese nachweisbar ist), ist eine Anhörung in diesen Fällen überflüssig. Einige Entscheider/-innen verzichten auf die Anhörung, da damit unnötige Mehrarbeit verbunden ist und so eine Vielzahl von Verfahren schnell zur Erledigung gebracht werden können.

3.6.4 Ablauf der Anhörung

Bei der Anhörung sind anwesend: der Anhörer/die Anhörerin oder der Entscheider/die Entscheiderin des BAMF, ein Dolmetscher bzw. Sprachmittler/eine Dolmetscherin bzw. Sprachmittlerin (§ 17 AsylG), der Antragsteller/die Antragstellerin, gegebenenfalls ein Anwalt/eine Anwältin, bei UMF gegebenenfalls der Vormund. Auch *Unterstützer/-innen* können der Anhörung beiwohnen.

Der Antragsteller/die Antragstellerin wird über die Wahrheitspflicht belehrt, sowie darüber, dass die verspätete Einreichung von Unterlagen dazu führen kann, dass diese bei der Entscheidung nicht mehr berücksichtigt werden. Dann wird abgefragt, ob sich der Antragsteller/die Antragstellerin und der Dolmetscher bzw. Sprachmittler/die Dolmetscherin bzw. Sprachmittlerin gut verständigen können.

Die Anhörung gliedert sich in zwei Teile. Im ersten Teil der Anhörung werden die Antragsteller/-innen erneut zu ihrer Person und zu ihrer Familie befragt. Im zweiten Teil erfolgt die eigentliche Anhörung zu den Fluchtgründen. Die Angaben werden übersetzt und vom Anhörer/von der Anhörerin protokolliert. Dies erfolgt entweder anhand eines Spracherkennungsprogramms als Diktat oder per händischer Eingabe in den Computer. Sind beide Teile der Anhörung abgeschlossen, werden die Antragsteller/-innen dazu befragt, ob es Gründe gibt, die dem Erlass eines Aufenthalts- oder Wiedereinreiseverbots entgegenstehen (diese werden im Falle einer Ablehnung des Antrags erlassen). Solche Gründe sind zum Beispiel Krankheit, Ehepartner/-innen oder Kinder in der BRD sowie pflegebedürftige Angehörige.

Ist die Befragung beendet, wird das Protokoll ausgedruckt und der Dolmetscher bzw. Sprachmittler/die Dolmetscherin bzw. Sprachmittlerin übersetzt dem Antragsteller/der Antragstellerin das gesamte Protokoll noch einmal zurück.

Zum Schluss der Anhörung wird der Antragsteller/die Antragstellerin aufgefordert, ein Formular zu unterschreiben, dass er/sie ausreichend Gelegenheit hatte, seine/ihre Gründe zu schildern und es mit dem Dolmetscher bzw. Sprachmittler/der Dolmetscherin bzw. Sprachmittlerin keine Verständigungsschwierigkeiten gab. Das Protokoll wird dem Antragsteller/der Antragstellerin entweder direkt mitgegeben oder per Post an ihn/sie oder den Bevollmächtigten/die Bevollmächtigte übersandt.

Praxishinweis für ehrenamtliche Unterstützer/Unterstützerinnen

Alle ehrenamtlichen Unterstützer sollten ihre Begleitung vorab beim BAMF anmelden, denn das BAMF verweigert Ehrenamtlichen und auch Familienangehörigen immer wieder die Teilnahme an der Anhörung. Das AsylG trifft hierzu keine Regelung. Grundsätzlich besteht jedoch gemäß § 14 Abs. 4 Verwaltungsverfahrensgesetz (VwVfG) die Möglichkeit, im Rahmen eines Verwaltungsverfahrens in Begleitung eines Beistands zu erscheinen. Dies gilt mangels speziellerer Regelung im AsylG auch für das Asylverfahren. Eine vorherige Anmeldung ist eigentlich nicht erforderlich, es reicht aus, wenn der Antragsteller/die Antragstellerin zu Protokoll gibt, dass er/sie von der mitgebrachten Person begleitet werden möchte. Allerdings führt es oft zu Stress, wenn der Antragsteller/die Antragstellerin bereits in das Anhörungszimmer gebeten wird und dann noch lange Diskussionen mit dem Anhörer/der Anhörerin geführt werden müssen. Dies kann zudem auch bereits zu Beginn der Anhörung zu einer schlechten Atmosphäre führen. Es ist deshalb ratsam, die Begleitung vorher per Fax oder Mail (damit ein Nachweis vorliegt) oder mindestens telefonisch anzukündigen.

3.6.5 Die Vorbereitung auf die Anhörung

3.6.5.1 Aufklärung der Betroffenen
über ihre Rechte im Asylverfahren

Der Antragsteller/die Antragstellerin sollte unbedingt von einem Rechtsanwalt/einer Rechtsanwältin oder einem erfahrenen Berater/einer erfahrenen Beraterin auf die Anhörung vorbereitet werden. Die Antragsteller/-innen sollten über ihre »Rechte« aufgeklärt und darin bestärkt werden, auf diesen zu beharren. Ihnen sollte vermittelt werden:

1. »Sie können jederzeit um eine Pause bitten oder gar die Anhörung abbrechen, wenn es ihnen nicht gut geht (im Falle eines Abbruchs sollte danach ein Arzt/eine Ärztin aufgesucht werden, der/die den Gesundheitszustand ärztlich dokumentiert).

2. Sie dürfen unterbrechen, um auf die Toilette zu gehen.

3. Sie können den Sprachmittler/die Sprachmittlerin bzw. den Dolmetscher/die Dolmetscherin ohne Angabe von Gründen ablehnen und um eine Vertagung oder einen anderen Sprachmittler bzw. einen anderen Dolmetscher/eine andere Sprachmittlerin bzw. Dolmetscherin bitten.

4. Sie können darum bitten, dass der Rechtsanwalt oder die Rechtsanwältin auch während der Anhörung telefonisch kontaktiert wird.

5. Sie sollten keine Formulare unterzeichnen, von denen Sie nicht sicher sind, dass Sie sie verstanden haben. Diese können auch mitgenommen und nachgereicht werden.

6. Am Ende der Anhörung müssen Sie die Gelegenheit bekommen, das Protokoll noch einmal zurückübersetzt zu bekommen. Wenn etwas falsch aufgenommen wurde, sollten Sie das sofort sagen. Sie sollten nicht auf die Rückübersetzung verzichten!

7. Zum Schluss bekommen Sie ein Formular, das Sie unterschreiben sollen. Mit Ihrer Unterschrift bestätigen Sie, dass Sie ausreichend Gelegenheit hatten, alles vorzutragen, und dass Sie den Sprachmittler/die Sprachmittlerin bzw. den Dolmetscher/die Dolmetscherin gut verstanden haben. Wenn dies nicht zutrifft, sollten Sie es nicht unterschreiben!«

3.6.5.2 Inhaltliche Vorbereitung auf den ersten Teil der Anhörung (das heißt, auf die erneuten Fragen zur Person)

Im ersten Teil der Anhörung werden die Fragen zur Person erneut gestellt und vertieft. Die Antragsteller/-innen müssen einige Fragen, die sie bereits im Rahmen der »kleinen Anhörungen« beantwortet haben, erneut beantworten. Abweichungen von den ursprünglichen Angaben können nachteilig sein und sollten, wenn notwendig, plausibel erläutert werden. Sollten bereits in der ersten Anhörung grobe Fehler vorhanden sein, die den gesamten Vortrag ins Wanken bringen könnten, kann zu Beginn der Anhörung darauf hingewiesen werden. Der bloße Hinweis, der Dolmetscher bzw. Sprachmittler/die Dolmetscherin bzw. Sprachmittlerin habe schlecht übersetzt, reicht in der Regel nicht aus. Nachträgliche Änderungen, die nicht plausibel erklärt werden können, stellen in den Augen des BAMF die Glaubwürdigkeit des Antragstellers/der Antragstellerin infrage.

Praxishinweis zur vertiefenden Befragung zur Person

Welche Fragen vertieft werden, hängt meisten mit der Relevanz zusammen, die diese für das jeweilige Herkunftsland besitzen. Hat ein Somali beispielsweise angegeben, einer Minderheit anzugehören, wird er häufig danach gefragt, was diese Minderheit ausmacht, wo sie lebt, welche typischen Bräuche oder Rituale die Minderheit von anderen Gruppen unterscheidet. Häufig werden auch die Ortskenntnisse des Antragstellers/der Antragstellerin abgefragt, wenn es darauf ankommt, aus welcher Region er/sie stammt. So lautet zum Beispiel eine oft gestellte Frage: »Wo befindet sich der Ort, an dem Sie sich zuletzt aufgehalten haben?« Dabei wird hinsichtlich konkreter Angaben nachgehakt: die genaue Region, das Stadtviertel, die angrenzenden Stadtviertel, Sehenswürdigkeiten, Kirchen und Moscheen. Hin und wieder kommt es auch vor, dass der Antragsteller/die Antragstellerin den Ort auf einer Karte finden soll. Bei der Befragung zum Reiseweg wird häufig auch danach gefragt, auf welche Weise die Flucht finanziert wurde, was sie gekostet hat und wer die Bezahlung abgewickelt hat. Auch die Frage nach der finanziellen Situation im Herkunftsland wird in der Regel vertieft. Dies dient der Abklärung, ob der Antragsteller/die Antragstellerin im Falle einer Rückkehr in der Lage sein würde, sein Existenzminimum zu sichern. Gleiches gilt für die Frage nach den noch im Herkunftsland verbliebenen Verwandten.

3.6.5.3 Inhaltliche Vorbereitung auf den zweiten Teil der Anhörung (das heißt, auf die Anhörung zu den Fluchtgründen)

Die Anhörung zu den Fluchtgründen sollte man vorbereiten, indem man dem Antragsteller/der Antragstellerin die Möglichkeit gibt, seine/ihre Fluchtgeschichte vor der Anhörung mindesten einmal oder auch mehrmals zu erzählen. Viele Antragsteller haben ihre Fluchtgeschichte noch nie einer anderen Person als Ganzes erzählt. Es ist deshalb wichtig, erst einmal alles chrono-

logisch zu ordnen. Ist klar, in welcher Reihenfolge sich die
Geschehnisse im Herkunftsland ereignet haben, kann man
sich die einzelne Situation genauer ansehen, zusammen
die Details herausarbeiten und überlegen, was für die Anhörung relevant ist. Für einen in den Augen des BAMF
glaubhaften Vortrag ist eine möglichst genaue und detail-
reiche Schilderung der Ereignisse erforderlich.

Fallbeispiel

Unzureichend ist: Ein somalischer Antragsteller berichtet:
»Ich habe Somalia verlassen, weil ich viele Probleme mit der
Al-Shabaab hatte und Angst habe, im Falle einer Rückkehr,
von dieser bestraft oder getötet zu werden.«

Detailreich ist: Ein somalischer Antragsteller berichtet:
»Ich habe Somalia aufgrund von Problemen mit der Al-Shabaab verlassen. Mein Dorf wird seit dem Jahr 2015 von der
Al-Shabaab kontrolliert. Das erste Mal haben sie mich etwa
drei Monate vor meiner Flucht, also etwa am 17. März 2016
angesprochen und mich aufgefordert, mit ihnen zusammen-
zuarbeiten. Wenn ich verneint hätte, hätten sie mich auf
der Stelle umgebracht, weil in ihren Augen alle Personen,
die nicht bereit sind, mit ihnen zu kooperieren, als ›Ungläu-
bige‹ angesehen werden. Ich habe ihnen dann gesagt, ich
müsse darüber nachdenken und mit meiner Familie darüber
sprechen, dann haben sie mich zunächst in Ruhe gelassen.
Ich bin dann sofort nach Hause gegangen und habe mit
meiner Mutter darüber gesprochen. Sie hat geweint und
hatte große Angst. Sie hat mir verboten, das Haus zu verlassen. Einige Tage später kamen Milizionäre der Al-Shabaab zu uns nach Hause, es war abends und es war bereits
dunkel. Sie haben an die Tür gehämmert und meine Mutter
ist an die Tür gegangen. Ich und meine kleine Schwester
haben uns im hinteren Zimmer des Hauses versteckt. Ich
konnte hören, dass die Männer meine Mutter anschrien,
sie müsse ihren Sohn für den heiligen Krieg herausgeben.

Meine Mutter hat dann so getan, als sei ich nicht zu Hause. Dann sind fünf Männer in unser Haus eingedrungen und haben alles durchsucht. Als sie mich und meine Schwester gefunden haben, haben sie geschrien und meine Mutter mit dem Gewehrkolben ins Gesicht geschlagen, so dass sie zu Boden fiel. Ich dachte in diesem Moment, meine Mutter sei tot.«

Den Unterschied werden Sie als Leser/-innen selbst gemerkt haben. Durch die genaue Schilderung des Sachverhaltes haben sich unweigerlich gedankliche Bilder geformt, die es für Sie möglich machen, sich die Situation vorzustellen. Genau das sollte in der Anhörung passieren.

Wichtige Details sind zum Beispiel: der Tag, der Monat, das Jahr, die Jahreszeit, die Tageszeit; die Tätigkeit, die gerade verrichtet wurde, als »es« passiert ist; der genaue Ort, die Anzahl der anwesenden Personen, die Gefühle in dieser Situation; die genaue Beschreibung der Umgebung des Gefängnisses, der Insassen, der Wachen, der Gespräche, der Folterungen, der Flucht, der Ängste; die Reaktionen der Familie, die Nahrungsaufnahme, die Hygiene. Umschreibungen oder Verallgemeinerungen sollten dringend vermieden werden.

Die Vorbereitung auf die Anhörung ist je nach Herkunftsland sehr unterschiedlich. Für die die Vorbereitung unterstützende Person ist es deshalb wichtig, fundierte Kenntnisse über die Situation im jeweiligen Herkunftsland zu besitzen. Informationen zu den einzelnen Ländern finden Sie zum Beispiel auf folgenden Informationsseiten: ecoi.net, asyl.net, migrationsrecht.net, proasyl.de.

Praxishinweis zu »Altverfahren«

Eine asylrechtskundige Beratung und Vorbereitung auf die Anhörung ist aufgrund der bereits mehrfach beschriebenen Beschleunigung der Verfahren oft kaum noch möglich. Es gibt jedoch Personen, die ihre Asylanträge vor der »Umstrukturierung« des Verfahrens gestellt haben und seit langem auf ihre Anhörung warten bzw. bereits angehört wurden und seit langer Zeit auf ihre Entscheidung warten (»Altverfahren«). Für alle Personen, deren Asylantragstellung länger als circa sechs Monate zurückliegt, besteht die Möglichkeit, beim Verwaltungsgericht eine sogenannte Untätigkeitsklage gemäß § 75 VwGO einzureichen (frühestens nach drei Monaten möglich, in der Praxis sinnvoll nach circa sechs Monaten). Mit der Untätigkeitsklage wird beantragt, dass BAMF dazu zu verpflichten, über den Asylantrag zu entscheiden. Es lohnt sich, die Untätigkeitsklage gegenüber dem BAMF vorher anzukündigen und eine Frist zu setzen, bis zu der man eine Ladung zur Anhörung/Entscheidung erwartet. Häufig erfolgt dann wegen der drohenden Kosten des Klageverfahrens die Ladung zur Anhörung/Entscheidung.

Unter Umständen kann es taktisch klüger sein, das Verfahren nicht zu beschleunigen. Das ist zum Beispiel der Fall, wenn für das Verfahren keine guten Erfolgsaussichten bestehen und durch das laufende Asylverfahren die zeitlichen Voraussetzungen für ein Aufenthaltsrecht erreicht werden können, welches unabhängig des Asylverfahrens besteht. So sehen beispielsweise die Regelungen des § 25a (Aufenthaltserlaubnis für gut integrierte Jugendliche und Heranwachsende) eine Aufenthaltsdauer von vier Jahren vor. Ein Nicht-Beschleunigen ist auch sinnvoll, wenn ein Ausbildungsplatz für eine Ausbildungsduldung gemäß § 60a Abs. 2 S. 4 AufenthG erst noch gefunden werden muss.

3.7 Die Entscheidung über den Asylantrag und die Zustellung des Bescheides

Aktuell erfolgen die Entscheidungen relativ zeitnah nach der Anhörung. Erfolgt die Entscheidung nicht innerhalb von etwa zwei Monaten nach der Anhörung, sollte man beim BAMF nachhaken. Handelt es sich um ein »Altverfahren« und warten die Antragsteller/-innen bereits seit mehreren Monaten oder gar Jahren auf ihre Entscheidung, sollte man eine Untätigkeitsklage gemäß § 75 VwGO beim Verwaltungsgericht einreichen.

3.7.1 Die Zustellung der Entscheidung § 10 AsylG

Der Bescheid über die Entscheidung über den Asylantrag ist per Postzustellungsurkunde (an den Antragsteller/ die Antragstellerin) oder per Übergabe-Einschreiben (an die Anwältin/den Anwalt) zuzustellen. Ist der Antragsteller/die Antragstellerin anwaltlich vertreten, hat die Zustellung an den Bevollmächtigten/die Bevollmächtigte zu erfolgen. Bei Zugang mit Zustellungsurkunde gilt das auf dem gelben Umschlag vermerkte Datum als Zugangsdatum. Bei Zustellung durch Übergabeeinschreiben gilt der Bescheid (gemäß § 41 Abs. 2 VwVfG) am dritten Tag nach der Aufgabe zur Post als zugestellt (das BAMF hat über die Aufgabe zur Post einen Aktenvermerk zu fertigen), auch wenn er tatsächlich früher zugegangen ist. Geht er später ein, gilt das spätere Datum. Lässt sich eine formgerechte Zustellung nicht nachweisen oder ist der Bescheid unter der Verletzung zwingender Formvorschriften zugegangen, gilt der Bescheid an dem Zeitpunkt als zugestellt, an dem er dem Empfangsberechtigten tatsächlich zugegangen ist. Fehlt der Umschlag, ergibt sich das Zugangsdatum auch aus der Bestandskraftmitteilung.

Bei der Zustellung der Entscheidung kommt es immer wieder zu Fehlern oder Schwierigkeiten. Zunächst ist zwischen einer Zustellung in einer Privatwohnung und einer Zustellung in der EAE zu unterscheiden.

3.7.1.1 Die Zustellung in einer Privatwohnung oder Gemeinschaftsunterkunft

Die Zustellungen im Asylverfahren regelt § 10 AsylG. Demnach gilt grundsätzlich, dass der Antragsteller/die Antragstellerin alle Adressänderungen unverzüglich mitzuteilen und sich stets für das BAMF erreichbar zu halten hat. § 10 Abs. 2 AsylG sieht zudem eine sogenannte Zustellungsfiktion vor. Derzufolge hat der Antragsteller/die Antragstellerin Zustellungen und Postsendungen an der dem BAMF zuletzt bekannten Adresse gegen sich gelten zu lassen. Kann ein Schriftstück nicht zugestellt werden und kommt als unzustellbar zurück, fingiert § 10 Abs. 2 AsylG die Zustellung mit dem Tag der Aufgabe zur Post (das BAMF hat hierzu einen Aktenvermerk zu fertigen).

3.7.1.2 Die Zustellung in der EAE

In der EAE hat der Antragsteller/die Antragstellerin sicherzustellen, dass ihm Posteingänge während der Postausgabe- und Postverteilungszeiten in der Aufnahmeeinrichtung ausgehändigt werden können. Zustellungen und formlose Mitteilungen sind mit der Aushändigung an den Antragsteller/die Antragstellerin bewirkt; im Übrigen gelten sie am dritten Tag nach Übergabe an die Aufnahmeeinrichtung als bewirkt.

ACHTUNG: Erreicht die Entscheidung des BAMF den Betroffenen/die Betroffene nicht oder nicht rechtzeitig, kann dies zur Folge haben, dass die Rechtsmittelfristen bereits abgelaufen sind und die Entscheidung nicht mehr angegriffen werden kann.

Liegt die nicht oder zu spät erfolgte Zustellung nicht im Verschulden des Betroffenen/der Betroffenen, besteht die Möglichkeit, dennoch Rechtsmittel einzulegen und die Wiedereinsetzung in den vorherigen Stand gemäß § 60 VwGO zu beantragen. Der Antrag ist spätestens innerhalb von zwei Wochen nach der tatsächlichen Kenntnisnahme durch den Antragsteller/die Antragstellerin zu stellen. Gelingt es, glaubhaft zu machen, dass der Antragsteller/die Antragstellerin an der verspäteten Kenntnisnahme kein Verschulden trifft, ist durch das Gericht die Wiedereinsetzung zu gewähren. Das Verfahren läuft dann so, als wäre das Rechtsmittel fristgerecht eingelegt worden. Solange über den Antrag auf Wiedereinsetzung nicht entschieden wurde, stellt die Ausländerbehörde in der Regel eine Duldung (Bescheinigung über die Aussetzung der Abschiebung) aus. Korrekt wäre allerdings, bis über die Wiedereinsetzung gerichtlich entschieden ist, die Aufenthaltsgestattung zu verlängern.

Fallbeispiel

1. Der Antragsteller ist umgezogen und die neue Adresse wurde per Fax dem BAMF mitgeteilt, ist jedoch zum Zeitpunkt der Zustellung noch nicht zur Akte gelangt. Den Antragsteller trifft kein Verschulden, da keine Mitwirkungspflichtverletzung vorliegt. Anhand des Faxbeleges kann die rechtzeitige Mitteilung der aktuellen Adresse nachgewiesen werden. Gleiches gilt, wenn die richtige Adresse aus Gründen, die das BAMF zu vertreten hat, nicht zu den Akten gelangt ist oder die aktuelle Adresse vom BAMF einfach übersehen wurde. In diesem Fall ist zwar keine fristauslösende Zustellung erfolgt, dennoch sollte vorsorglich die Wiedereinsetzung beantragt werden.

2. Die Antragstellerin ist umgezogen, der ehrenamtliche Unterstützer, der sie stets zuverlässig begleitet, teilt die Adresse dem zuständigen Sozialamt mit und geht davon

aus, dass es ausreicht, wenn nur eine Behörde über die neue Adresse informiert ist. Der Ehrenamtliche sichert der Betroffenen zu, alle informiert zu haben. Im Gegensatz zu dem Verschulden ihrer Anwältin muss sich die Antragstellerin das Verschulden, eines ansonsten stets zuverlässigen Ehrenamtlichen nicht zurechnen lassen. Der ehrenamtliche Unterstützer kann an Eides statt versichern, dass er es versäumt hat, dem BAMF die Adresse mitzuteilen, und der Betroffenen versichert hat, er habe alle Notwendigkeiten erledigt.

3. Die Antragstellerin lebt in einer Gemeinschaftsunterkunft, in der es keine ausreichenden Briefkästen gibt. Deshalb wird eine Mülltonne mit einem Klappdeckel als Gemeinschaftsbriefkasten genutzt. Die Post wird dann regelmäßig verteilt. Jedoch haben stets alle Bewohner Zugriff auf den »Briefkasten«. Der Bescheid der Antragsstellerin geht verloren, das Verschulden trifft in diesem Fall nicht die Antragstellerin. Für das Verfahren kann die Briefkastensituation mit Fotos dokumentiert werden, der Betreiber der Gemeinschaftsunterkunft kann zu einer Stellungnahme aufgefordert werden.

3.7.2 Die Entscheidung über den Asylantrag

Der Bescheid über die Entscheidung im Asylverfahren besteht aus einem Tenor, einer Begründung, einer Rechtsbehelfsbelehrung sowie aus Belehrungen bezüglich der Rechte und Pflichten, die aus der Entscheidung für den Betroffenen/die Betroffene resultieren. Der Tenor steht zu Beginn und formuliert die getroffene Entscheidung, dann folgt die Begründung. Der Bescheid schließt mit der Rechtsbehelfsbelehrung ab. Die Rechtsbehelfsbelehrung benennt das Gericht, bei dem Rechtsmittel (Klage/Klage und Eilantrag) einzureichen sind. Ferner benennt sie die Frist, innerhalb der das Rechtsmittel erhoben werden muss. Wurde kein Bevollmächtigter/keine Bevollmächtigte für das Verfahren bestellt, ist insbesondere die Rechtsbehelfsbelehrung dem/der Betroffenen in eine Sprache zu übersetzen, deren Kenntnis vernünftigerweise vorausgesetzt werden kann.

Praxishinweis für den Fall einer unzutreffenden Rechtsbelfsbelehrung

Es kommt nicht selten vor, dass das BAMF den Bescheid mit einer unzutreffenden Rechtbehelfsbelehrung versieht. Ist die Rechtsbehelfsbelehrung unvollständig, falsch, nicht übersetzt oder fehlt zur Gänze, greift § 58 Abs. 2 VwGO mit der Folge, dass die Rechtsmittelfrist ein Jahr beträgt. Gerade, wenn Zweifel daran bestehen, ob eine fristgerechte Einlegung des Rechtsmittels noch möglich ist, sollte geprüft werden, ob die Rechtsbehelfsbelehrung ordnungsgemäß erlassen wurde.

3.7.2.1 Die Anerkennung als Asylberechtigter/ Asylberechtigte gemäß Art. 16a GG

Der Tenor der Entscheidung lautet:
1. Die Asylberechtigung gemäß Art. 16a GG wird anerkannt.
2. Die Flüchtlingseigenschaft gemäß § 3 AsylG wird zuerkannt.

Mit der Anerkennung als Asylberechtigte/Asylberechtigter wird in der Regel auch die Flüchtlingseigenschaft zuerkannt. Dies irritiert zunächst, ist aber logisch, da bei Vorliegen der Voraussetzungen für die Asylberechtigung gleichzeitig auch die Tatbestandsvoraussetzung der Flüchtlingsanerkennung erfüllt ist. Positive Entscheidungen werden in der Regel nicht ausführlich begründet. Es wird lediglich darauf verwiesen, dass die Feststellungen des BAMF dazu geführt haben, dass der Antragsteller/die Antragstellerin als Asylberechtigter/Asylberechtigte anzuerkennen ist.

Rechtsfolgen der Entscheidung:
Die Entscheidung wird mit der Zustellung bestandskräftig. Der Aufenthalt gilt damit ab dem Moment der Zustellung nicht mehr als gestattet, sondern bereits als erlaubt (sogenannte Erlaubnisfiktion § 25 Abs. 1 S. 2). Der Antragsteller/die Antragstellerin kann nun bei der Ausländerbehörde eine Aufenthaltserlaubnis gemäß § 25 Abs. 1 AufenthG und die Ausstellung eines GFK-Passes (blauer Pass) beantragen. Die Aufenthaltserlaubnis ist mit einer Gültigkeitsdauer von drei Jahren zu versehen (§ 26 Abs. 1 AufenthG). Die Erwerbstätigkeit wird uneingeschränkt erlaubt.

Der Antragsteller/die Antragstellerin sollte unverzüglich unter Vorlage des Bescheides Leistungen beim Jobcenter nach dem SGB II beantragen, da er/sie aufgrund der Erlaubnisfiktion nicht mehr berechtigt ist, Leistungen nach dem AsylbLG zu empfangen, das Sozialamt ist folglich nicht länger für ihn/sie zuständig.

Der Familiennachzug erfolgt gemäß § 29 Abs. 2 Nr. 1 AufenthG unter privilegierten Bedingungen. ACHTUNG: Um in den Genuss der Privilegierung zu kommen, muss der formlose Antrag auf Familienzusammenführung innerhalb von drei Monaten nach der Anerkennung (gerechnet ab dem Tag der Zustellung) erfolgen (weitere Informationen zur Familienzusammenführung finden Sie unter Kapitel 5).

3.7.2.2 Die Zuerkennung der Flüchtlingseigenschaft gemäß § 3 AsylG

Der Tenor der Entscheidung lautet:
1. Die Flüchtlingseigenschaft wird zuerkannt.
2. Die Anerkennung als Asylberechtigter wird abgelehnt.

Rechtsfolgen der Entscheidung:

Die Rechtsfolgen für Flüchtlingsanerkennung sind identisch mit denen der Asylberechtigung mit der Ausnahme, dass die Aufenthaltserlaubnis nach § 25 Abs. 2 S. 1 Alt. 1 AufenthG erteilt wird.

3.7.2.3 Die Zuerkennung des subsidiären Schutzes gemäß § 4 AsylG

Der Tenor der Entscheidung lautet:

1. Die Anerkennung als Asylberechtigter wird abgelehnt.
2. Die Zuerkennung der Flüchtlingseigenschaft wird abgelehnt.
3. Der subsidiäre Schutzstatus wird zuerkannt.

Die Entscheidung über die Ablehnung der Asylberechtigung und die Flüchtlingsanerkennung muss das BAMF im Gegensatz zu einer positiven Entscheidung begründen.

Rechtsmittel: Es besteht die Möglichkeit, den Bescheid – bezüglich des ablehnenden Teils (das Asyl und die Flüchtlingsanerkennung betreffend) – mit einer Klage (sogenannte Klage auf besseres Recht) anzugreifen. Die richtige Klageart ist die Verpflichtungsklage. Für alle Asylklagen ist das Verwaltungsgericht zuständig, in dessen Zuständigkeitsbereich der Kläger/die Klägerin seinen/ihren Wohnsitz hat. ACHTUNG: Die Klagefrist beträgt gemäß § 74 AsylG lediglich zwei Wochen, gerechnet ab dem Tag der Zustellung der Entscheidung. Gibt das Verwaltungsgericht dem Verfahren statt und verpflichtet das BAMF, dem Kläger/der Klägerin die Flüchtlingseigenschaft oder die Asylberechtigung zuzuerkennen, muss die Rechtskraft des Urteils abgewartet werden (einen Monat ab Zustellung des Urteils). Dann muss das BAMF das Urteil umsetzen und einen sogenannten Verpflichtungsentscheid fertigen. Mit dem Bescheid kann dann die jeweilige Aufenthaltserlaubnis beantragt werden.

**Praxishinweise zur Einreichung der Klage
ohne Anwalt oder Anwältin**

Ist der Antragsteller/die Antragstellerin nicht anwaltlich
vertreten und möchte gegen seine/ihre Asylentscheidung
Rechtsmittel einlegen, kann aber innerhalb der vorgege-
benen Rechtsmittelfrist keinen Anwalt finden, besteht die
Möglichkeit, das/die Rechtsmittel selbst einzureichen.
Bei den Verwaltungsgerichten besteht kein Anwaltszwang.
Hat der/die Betroffene Zugang zu fachkundiger Beratung,
kann die Beratungsstelle ihn/sie dabei unterstützen, das
einzulegende Rechtsmittel schriftlich zu formulieren, und
dieses an das zuständige Verwaltungsgericht faxen. Es
besteht zudem die Möglichkeit, die Rechtsantragstelle
des zuständigen Verwaltungsgerichts aufzusuchen und
die Klage oder die Klage und den Eilantrag dort mündlich
zu erheben. Es reicht hierfür in der Regel aus, wenn der/
die Betroffene den Bescheid einreicht und formuliert, dass
er/sie dagegen Rechtsmittel einlegen möchte. Es darf
nicht erwartet werden, dass der Antragsteller/die Antragstellerin juristisch korrekte Anträge formuliert. Spricht
der Antragsteller/die Antragstellerin kein Deutsch, sollte
ein Dolmetscher/eine Dolmetscherin dabei sein. Es ist
dennoch ratsam, dann für den weiteren Verlauf des
Rechtsmittelverfahrens einen Anwalt/eine Anwältin hin-
zuzuziehen. Gerichtliche Verfahren in Asylsachen sind
gerichtskostenfrei, das heißt, solange der/die Betroffene
keinen Anwalt hinzuzieht, besteht kein Kostenrisiko.

Rechtsfolgen der Entscheidung:
Die Entscheidung über den subsidiären Schutz wird –
auch wenn Klage eingereicht wird – mit der Zustellung
bestandskräftig. Der Aufenthalt gilt ab dem Moment der
Zustellung als erlaubt (sogenannte Erlaubnisfiktion § 25

Abs. 1 S. 2). Der Antragsteller/die Antragstellerin kann nun bei der Ausländerbehörde eine Aufenthaltserlaubnis gemäß § 25 Abs. 2 S. 1 Alt. 2 AufenthG und einen Reiseausweis für Ausländer (»grauer Pass«) beantragen. Die Aufenthaltserlaubnis ist mit einer Gültigkeitsdauer von einem Jahr zu versehen (§ 26 Abs. 1 AufenthG). Ob ein Reiseausweis allen subsidiär Schutzberechtigten erteilt werden muss oder ob nur Personen, die keinen Pass ihres Heimatlandes beschaffen können, berechtigt sind, einen Reiseausweis zu bekommen, ist strittig. Die Erwerbstätigkeit wird uneingeschränkt erlaubt. Wie auch für Asylberechtigte und Flüchtlinge ist unverzüglich nach der Anerkennung ein Antrag auf Leistungen nach dem SGB II beim Jobcenter zu stellen.

ACHTUNG: Der Familiennachzug zu subsidiär Schutzberechtigten ist gemäß § 104 Abs. 13 AufenthG für zwei Jahre (bis zum 18. März 2018) ausgesetzt. Am 1. Februar 2018 hat der Bundestag die Verlängerung der Aussetzung bis zum 31. Juli 2018 beschlossen (weitere Informationen hierzu finden Sie im fünften Kapitel).

3.7.2.4 Abschiebeverbot gemäß § 60 Abs. 5 bis 7 AufenthG

Der Tenor der Entscheidung lautet:

1. Die Anerkennung als Asylberechtigter wird abgelehnt.
2. Die Zuerkennung der Flüchtlingseigenschaft wird abgelehnt.
3. Die Zuerkennung des subsidiären Schutzstatus wird abgelehnt.
4. Ein Abschiebeverbot gemäß § 60 Abs. 5 AufenthG (oder § 60 Abs. 7) liegt vor.

Das BAMF hat den Bescheid ausführlich zu begründen. Die Ablehnungen unter Ziffer 1., 2. und 3. können mit einer Verpflichtungsklage angegriffen werden. Im Übrigen wird auf die Ausführungen zu den Rechtsmitteln in 3.7.2.3 verwiesen.

Rechtsfolgen der Entscheidung:
Die Feststellung über das Vorliegen eines Abschiebeverbots wird mit der Zustellung bestandskräftig. Im Unterschied zu den vorherigen Fällen tritt hier keine gesetzliche Erlaubnisfiktion ein, da die betroffene Person keinen absoluten gesetzlichen Anspruch auf Erteilung einer Aufenthaltserlaubnis besitzt. Ihr soll zwar in der Regel eine Aufenthaltserlaubnis gemäß § 25 Abs. 3 AufenthG erteilt werden, unter »besonderen Umständen« kann die Erteilung der Aufenthaltserlaubnis jedoch versagt werden. Die Ausländerbehörde hat folglich einen Ermessensspielraum. Zudem schreibt § 25 Abs. 3 S. 2 AufenthG Ausschlussgründe vor. Demnach wird die Aufenthaltserlaubnis nicht erteilt, wenn:

- die Ausreise in einen anderen Staat möglich und zumutbar ist,
- der/die Betroffene wiederholt oder gröblich gegen entsprechende Mitwirkungspflichten verstößt,
- schwerwiegende Gründe die Annahme rechtfertigen, dass die betroffene Person ein Verbrechen gegen den Frieden, ein Kriegsverbrechen oder ein Verbrechen gegen die Menschlichkeit begangen hat,
- die Person sich Handlungen zuschulden kommen ließ, die den Zielen und Grundsätzen der Vereinten Nationen, wie sie in der Präambel und den Artikeln 1 und 2 der Charta der Vereinten Nationen verankert sind, zuwiderlaufen,
- die betroffene Person eine Gefahr für die Allgemeinheit oder eine Gefahr für die Sicherheit der Bundesrepublik Deutschland darstellt.

Praxishinweis zur Ermessensentscheidung der Ausländerbehörde

In der Praxis verlangen einige Ausländerbehörden zum Beispiel zunächst die Vorlage eines Nationalpasses aus dem Herkunftsstaat der betroffenen Person. Das ist teilweise unmöglich bzw. kann Monate oder Jahre dauern. In einigen Fällen wurde auch bereits darauf verwiesen, dass das Abschiebeverbot zwar für den Herkunftsstaat festgestellt wurde, die betroffene Person aber vielleicht in einen anderen Staat abgeschoben werden könnte (z. B. Italien oder Ungarn, wenn die Person über diesen Staat eingereist ist und sich dort länger aufgehalten hat). Die diesbezügliche Prüfung dauert Monate. Es bedarf im Falle einer Verzögerung oder Ablehnung daher einer genauen Prüfung und voraussichtlich der Hinzuziehung eines Rechtsanwalts / einer Rechtsanwältin. Hinzu kommt, dass die Einlegung eines Rechtsmittels (hier die Klage auf einen besseren Status) dazu führt, dass eine Aufenthaltserlaubnis nicht erteilt wird. § 10 AufenthG regelt, dass im laufenden Asylverfahren nur dann eine Aufenthaltserlaubnis erteilt werden kann, wenn ein gesetzlicher Anspruch auf Erteilung der Aufenthaltserlaubnis besteht. Dies ist bei einer Aufenthaltserlaubnis gemäß § 25 Abs. 3 AufenthG im Gegensatz zu einer Aufenthaltserlaubnis nach § 25 Abs. 1 AufenthG (Asylberechtigte) und § 25 Abs. 2 S. 1 Alt. 1 oder 2 AufenthG (Flüchtlinge und subsidiär Schutzberechtigte) nicht der Fall.

3.7.2.5 Der Asylantrag wird als unbegründet abgelehnt (»einfach unbegründet«)

Der Tenor lautet:

1. Die Flüchtlingseigenschaft wird nicht zuerkannt.
2. Der Antrag auf Asylanerkennung wird abgelehnt.
3. Der subsidiäre Schutzstatus wird nicht zuerkannt.

4. Abschiebungsverbote gemäß § 60 Abs. 5 bis 7 liegen nicht vor.

5. Der Antragsteller wird aufgefordert, die BRD innerhalb von dreißig Tagen nach Bekanntgabe dieser Entscheidung zu verlassen. Im Falle einer Klageerhebung endet die Ausreisefrist dreißig Tage nach dem unanfechtbaren Abschluss des Asylverfahrens. Sollte der Antragsteller die Ausreisefrist nicht einhalten, wird er (z. B. nach Somalia) abgeschoben. Der Antragsteller kann auch in einen anderen Staat abgeschoben werden, in den er einreisen darf oder der zu seiner Rückübernahme verpflichtet ist.

6. Das gesetzliche Einreise- und Aufenthaltsverbot gemäß § 11 Abs. 1 AufenthG wird auf dreißig Monate ab dem Tag der Abschiebung befristet.

Das BAMF hat die Entscheidung ausführlich zu begründen. Im Falle einer Ablehnung als unbegründet erlässt das BAMF eine Ausreisefrist von dreißig Tagen mit Abschiebungsandrohung gemäß § 34 AsylG. Aufgrund der Abschiebungsandrohung ist der Antragsteller/die Antragstellerin nach Ablauf der Ausreisefrist von dreißig Tagen vollziehbar ausreisepflichtig. Nach Ablauf der dreißig Tage könnte er/sie folglich, ohne dass es eines weiteren Rechtsaktes bedarf, abgeschoben werden.

Rechtsmittel: Wird der Asylantrag als »einfach« unbegründet abgelehnt, wird mit der Einlegung eines Rechtsmittels (hier Verpflichtungsklage) die Vollziehbarkeit der Ausreisepflicht bis zum rechtskräftigen Abschluss des Asylverfahrens ausgesetzt. Das Asylverfahren ist rechtskräftig abgeschlossen, wenn das zuletzt eingelegte Rechtsmittel (Klage/Berufung/Revision) zu einer rechtskräftigen Gerichtsentscheidung geführt hat. Bis dahin befindet sich der Antragsteller/die Antragstellerin im laufenden Asylverfahren, der Aufenthalt gilt also weiter als gestattet. Im juristischen Fachjargon sagt man, die Einlegung des Rechtsmittels (Verpflichtungsklage) hat »aufschiebende Wirkung«.

Im Übrigen wird auf die Ausführungen zu den Rechtsmitteln und den Praxishinweis unter 3.7.2.3 verwiesen.

3.7.2.6 Der Asylantrag wird gemäß § 29 Abs. 1 Nr. 1 oder Nr. 3 AsylG als unzulässig abgelehnt (Dublin-Verfahren oder Aufnahme durch sicheren Drittstaat)

Der Tenor lautet:

1. Der Antrag wird als unzulässig abgelehnt.
2. Abschiebungsverbote gemäß § 60 Abs. 5 bis 7 liegen nicht vor.
3. Die Abschiebung (z..B. nach Italien) wird *angeordnet*. Der Antragsteller darf nicht (nach z. B. Somalia) abgeschoben werden.
4. Das gesetzliche Einreise- und Aufenthaltsverbot gemäß § 11 Abs. 1 des Aufenthaltsgesetzes wird auf sechs Monate ab dem Tag der Abschiebung befristet.

Das BAMF hat zu begründen, weshalb es eine Unzulässigkeitsentscheidung trifft und weshalb keine Abschiebungsverbote vorliegen. Die Prüfung der Abschiebungsverbote hat in Dublin bzw. Drittstaatenverfahren in Bezug auf den Zielstaat der Abschiebung, nicht auf das Herkunftsland zu erfolgen.

Der Asylantrag kann gemäß 29 Abs. 1 AsylG als unzulässig abgelehnt werden, wenn ein anderer Staat (Dublin-Verfahren) für die Durchführung des Asylverfahrens zuständig ist (§ 29 Abs. 1 Nr. 1 AsylG). Gemäß § 29 Abs. 1 Nr. 3 AsylG kann eine Unzulässigkeitsentscheidung ergehen, wenn ein sicherer Drittstaat gemäß § 26a zur Aufnahme des Antragstellers/der Antragstellerin bereit ist. Sichere Drittstaaten gemäß § 26a

AsylG sind neben den EU-Mitgliedstaaten die Schweiz und Norwegen.

Im Gegensatz zu einer Ablehnung als »einfach« unbegründet erlässt das BAMF bei einer Ablehnung als unzulässig in der Regel keine Ausreisefrist und keine Abschiebungsandrohung, sondern eine Abschiebungsanordnung gemäß § 34a AsylG – mit der Folge, dass die Abschiebung nach Ablauf der Rechtsmittelfrist vollziehbar ist.

Die Abschiebungsanordnung muss den Zielstaat der Abschiebung benennen. Ferner muss die Durchführbarkeit der Abschiebung hinreichend konkret feststehen. Das heißt, die Abschiebung muss nicht nur rechtlich zulässig, sondern sie muss auch zeitnah und tatsächlich möglich sein. Hierfür muss der aufnehmende Staat der Rückübernahme zugestimmt haben und es muss klar sein, in welchem Zeitraum und unter welchen Modalitäten die Rückführung (Abschiebung) vollzogen werden kann.

Umso schutzbedürftiger die zu überstellende Person ist, umso höhere Anforderungen sind an die Modalitäten der Aufnahme (Unterkunft, Krankenversorgung, Sozialleistungen etc.) zu stellen, pauschale Zusagen reichen hier nicht aus. Stehen die genannten Modalitäten nicht hinreichend fest, ist die Abschiebungsanordnung gemäß § 34a AsylG ausgeschlossen.

Rechtsmittel: Aufgrund der Abschiebungsanordnung gemäß § 34a AsylG ist die Abschiebung nach Ablauf der Rechtsmittelfrist sofort vollziehbar. Die Klage (Anfechtungsklage) hat gemäß § 75 Abs. 1 AsylG keine aufschiebende Wirkung, weshalb zusätzlich zur Klage ein Eilverfahren gemäß § 80 Abs. 5 VwGO anhängig gemacht werden muss. Mit dem Eilantrag wird gegenüber dem Gericht beantragt, die aufschiebende Wirkung der Klage anzuordnen. Durch die Einreichung des Eilantrags besteht bis zur Entscheidung des Gerichts über den Eilantrag, ein gesetzliches Abschiebeverbot gemäß § 34a Abs. 2 S. 2 AsylG. ACHTUNG: Die Frist für die Einreichung der Klage und des Eilantrages beträgt lediglich eine Woche (§ 74 AsylG)!

Praxishinweis zur Begründung des Eilantrages

Im Rahmen des Eilverfahrens erfolgt lediglich eine sogenannte »summarische Prüfung«, das heißt, es gibt in der Regel keine mündliche Verhandlung und keine Beweisaufnahme. Deshalb müssen die Tatsachen, auf die sich der Antragsteller/die Antragstellerin beruft mit Einreichung des Eilantrages glaubhaft gemacht werden. Berichte oder Stellungnahmen auf die er/sie sich berufen möchte, sollten deshalb nicht nur angegeben, sondern auch vorgelegt werden. Ein Sachvortrag des Antragstellers/der Antragstellerin oder auch eines Zeugen/einer Zeugin sollten in Form einer eidesstattlichen Versicherung beim Gericht vorgelegt werden.

Lehnt das Gericht das Eilverfahren ab, ist die Abschiebungsandrohung sofort vollziehbar und in Dublin-Verfahren beginnt die Überstellungsfrist von Neuem zu laufen (sechs Monate ab der rechtskräftigen Ablehnung des Eilantrags). Gibt das Gericht dem Eilantrag statt und ordnet die aufschiebende Wirkung der Klage an, so kann die Abschiebung bis zum rechtskräftigen Abschluss des Klageverfahrens nicht vollzogen werden. Trifft das Gericht im Klageverfahren eine negative Entscheidung, beginnt die Überstellungsfrist (sechs Monate) erneut zu laufen. Ansonsten wird im Klageverfahren die Rechtmäßigkeit des Bescheides überprüft. Wird der Bescheid vom Gericht aufgehoben, hat das BAMF das Verfahren erneut zu prüfen

und muss unter Berücksichtigung der Feststellungen aus
dem Urteil eine neue Entscheidung treffen.

3.7.2.7 Der Asylantrag wird gemäß § 29 Abs. 1 Nr. 2 oder Nr. 4 AsylG als unzulässig abgelehnt (internationaler Schutz in einem anderen EU- Staat oder ein sonstiger Drittstaat ist zur Aufnahme bereit und bietet hinreichend anderweitige Sicherheit vor Verfolgung)

Der Tenor lautet:

1. Der Antrag wird als unzulässig abgelehnt.
2. Abschiebeverbote gemäß § 60 Abs. 5 bis 7 liegen nicht vor.
3. Der Antragsteller wird aufgefordert, die Bundesrepublik Deutschland innerhalb von einer Woche nach Bekanntgabe dieser Entscheidung zu verlassen. Sollte der Antragsteller die Ausreisefrist nicht einhalten, wird er (z. B. nach Italien) abgeschoben.
4. Das gesetzliche Einreise- und Aufenthaltsverbot gemäß 11 Abs. 1 AsylG wird auf dreißig Monate ab dem Tag der Abschiebung festgesetzt.

Gemäß § 29 Abs. 1 Nr. 2 oder Nr. 4 AsylG kann der Asylantrag als unzulässig abgelehnt werden, wenn dem Antragsteller/der Antragstellerin in einem anderen EU-Mitgliedstaat bereits der internationale Schutz (subsidiärer Schutz oder Flüchtlingsanerkennung) zuerkannt wurde oder ein sonstiger Drittstaat (§ 27 AsylG) zu der Aufnahme des Antragstellers/der Antragstellerin bereit ist. Sonstiger Drittstatt im Sinne des § 27 AsylG kann jeder Staat sein, in dem der Antragsteller/die Antragstellerin hinreichenden Schutz vor Verfolgung erlangen kann. Es reicht hier nicht aus, wenn irgendein Staat zur Aufnahme des Antragstellers/der Antragstellerin bereit ist. Im Schutz gewährenden Staat muss sichergestellt sein, dass der Flüchtling nicht Obdachlosigkeit, Armut, Hunger oder Krankheiten schutzlos ausgeliefert ist. Gemäß § 27 Abs. 2 und 3 AsylG wird eine anderweitige Sicherheit vor Verfolgung (widerlegbar) vermutet, wenn der Antragsteller/die Antragstellerin über einen in einem sicheren Drittstaat ausgestellten GFK-Pass verfügt oder sich vor der Einreise in die BRD für mehr als drei Monate in einem sonstigen Drittstaat aufgehalten hat. Dies ist jedoch keineswegs als »Freifahrtschein« zu sehen. Gelingt es dem Antragsteller/der Antragstellerin, glaubhaft zu machen, dass die Flucht trotz des Besitzes des GFK-Passes nicht beendet war (weil der Pass z. B. durch Bestechungszahlungen erlangt wurde), dass er/sie in dem Drittstaat ebenfalls von Verfolgung bedroht war oder dass er/sie unzumutbaren Lebensbedingungen ausgesetzt war, ist die gesetzliche Vermutung widerlegt, so dass eine Unzulässigkeitsentscheidung gemäß § 29 Abs. 4 AsylG rechtswidrig wäre.

Praxishinweis zur Widerlegbarkeit der gesetzlichen Vermutung einer anderweitigen Sicherheit vor Verfolgung

Die Vermutung einer anderweitigen Sicherheit vor Verfolgung bei einem Voraufenthalt in einem anderen Drittstaat von mehr als drei Monaten ist zum Beispiel dann widerlegt, wenn der Antragsteller/die Antragstellerin glaubhaft macht, dass die Aufenthaltsdauer für die Beseitigung von Hindernissen für die Weiterreise erforderlich war und genutzt wurde. Das Gleiche gilt, wenn glaubhaft gemacht werden kann, dass eine Abschiebung in den (oder einen) Verfolgerstaat nicht auszuschließen war. Denn schon geringe Zweifel an der Verfolgungssicherheit erschüttern die gesetzliche Vermutung.

Im Unterschied zu einer Unzulässigkeitsentscheidung gemäß § 29 Abs. 1 Nr. 1 und Nr. 3 AsylG darf das BAMF in den Verfahren gemäß § 29 Abs. 1 Nr. 2 oder 4 AsylG keine Abschiebungsanordnung erlassen, sondern muss gemäß § 35 AsylG eine Abschiebungsandrohung nach § 34 AsylG erlassen und eine Ausreisefrist von einer Woche gewähren. Zudem soll in der Abschiebungsandrohung zwar der Staat bezeichnet werden, in den der/die Betroffene abgeschoben werden soll. Soweit keine Abschiebungsverbote bestehen, kann der/die Betroffene auf der Grundlage einer Abschiebungsandrohung aber auch in jeden anderen Staat abgeschoben werden, in den er/sie ausreisen darf oder der zu seiner/ihrer Rücknahme verpflichtet ist (§ 34 AsylG in Verbindung mit § 59 Abs. 2 und 3 AufenthG).

Rechtsmittel: Die Klage (Anfechtungsklage) hat gemäß § 75 Abs. 1 AsylG keine aufschiebende Wirkung, weshalb zusätzlich zur Klage ein Eilverfahren gemäß § 80 Abs. 5 VwGO anhängig gemacht werden muss. ACHTUNG: Die Frist zur Einlegung der Klage und des Eilantrags beträgt lediglich eine Woche (§ 74 AsylG), gerechnet ab dem Tag der Zustellung des Bescheides. Die Abschiebung ist bei rechtzeitiger Einreichung des Eilantrags vor der gerichtlichen Entscheidung nicht zulässig (§ 36 Abs. 3, S. 7 AsylG).

§ 36 AsylG regelt den weiteren Ablauf des Verfahrens. Demnach soll das Gericht spätestens eine Woche nach Ablauf der Ausreisefrist über den Eilantrag entscheiden. Eine einmalige Verlängerung der Entscheidungsfrist ist zulässig, eine zweite Verlängerung nur dann, wenn schwerwiegende Gründe vorliegen (z. B. außergewöhnliche Belastung des Gerichts). Gemäß § 36 Abs. 5 AsylG darf die Aussetzung der Abschiebung nur angeordnet werden, wenn ernstliche Zweifel an der Rechtmäßigkeit des angegriffenen Verwaltungsaktes bestehen. Tatsachen und Beweismittel, die von den Beteiligten nicht angegeben worden sind, bleiben unberücksichtigt, es sei denn, sie sind gerichtsbekannt oder offenkundig. Tatsachen und Beweismittel, die im Verwaltungsverfahren unberücksichtigt bleiben konnten, weil sie zu spät vorgebracht wurden, sowie Tatsachen und Umstände, die nicht bereits in der Anhörung benannt wurden, kann das Gericht unberücksichtigt lassen, wenn andernfalls die Entscheidung verzögert würde. Aufgrund dieser gesetzlichen Vorgaben spricht man bei diesen Verfahren auch von »extremen Eilverfahren«.

Gibt das Gericht dem Eilantrag statt, werden die Entscheidung des BAMF über die Unzulässigkeit und die Abschiebungsandrohung gemäß § 37 AylG von Gesetzes wegen unwirksam – mit der Folge, dass auch das Hauptsacheverfahren (Klageverfahren) erledigt ist. Das BAMF hat das Verfahren folglich erneut zu prüfen und zu bescheiden.

3.7.2.8 Der Asylantrag wird gemäß § 29a AsylG in Verbindung mit § 30 AsylG als offensichtlich unbegründet abgelehnt

Der Tenor lautet:

1. Der Antrag auf Zuerkennung der Flüchtlingseigenschaft wird als offensichtlich unbegründet abgelehnt.
2. Der Antrag auf Asylanerkennung wird als offensichtlich unbegründet abgelehnt.
3. Der subsidiäre Schutz wird abgelehnt.
4. Abschiebeverbote gemäß § 60 Abs. 5 bis 7 liegen nicht vor.
5. Der Antragsteller/die Antragstellerin wird aufgefordert, die Bundesrepublik Deutschland innerhalb von einer Woche nach Bekanntgabe dieser Entscheidung zu verlassen. Sollte der Antragsteller die Ausreisefrist nicht einhalten, wird er (z. B. nach Mazedonien) ab-

geschoben. Der Antragsteller kann auch in einen anderen Staat abgeschoben werden, in den er einreisen
darf und der zu seiner Aufnahme bereit ist.
6. Das gesetzliche Einreise- und Aufenthaltsverbot gemäß
11 Abs. 1 AsylG wird auf dreißig Monate ab dem Tag
der Abschiebung festgesetzt.

Das BAMF hat die Entscheidung ausführlich zu begründen.
Eine Entscheidung als offensichtlich unbegründet ist nur
unter besonderen Voraussetzungen zulässig. Die Legaldefinition aus § 30 Abs. 1 AsylG hilft hier nicht wirklich
weiter. Diese lautet: »Ein Asylantrag ist offensichtlich
unbegründet, wenn die Voraussetzungen für eine Anerkennung als Asylberechtigter und die Voraussetzungen
für die Zuerkennung des internationalen Schutzes offensichtlich nicht vorliegen«.

Was bedeutet das? Betroffen sind gemäß § 29a AsylG
zunächst Personen aus sogenannten »sicheren Herkunftsstaaten«. Sichere Herkunftsstaaten werden von der
Bundesregierung als solche eingestuft und dann im Gesetz fixiert. Neben den EU-Mitgliedstaaten gelten gemäß
der Anlage II zum AsylG folgende Staaten als sichere Herkunftsstaaten: Bosnien und Herzegowina, Ghana, Kosovo,
Mazedonien, ehemalige jugoslawische Republik, Monte-
negro, Senegal und Serbien. § 29a AsylG schreibt die
Fiktion fest, dass in den genannten Staaten keine politische Verfolgung stattfindet. Ziel ist es, den Prüfungs-
umfang und die Amtsermittlungspflichten des BAMF für
diese Verfahren zu reduzieren. Hinzu kommt, dass das
BAMF seit Inkrafttreten des § 30a AsylG zudem über die
Möglichkeit verfügt, Verfahren von Personen aus »sicheren Herkunftsstaaten« im Schnellverfahren gemäß § 30a
AsylG durchzuführen. Eine Entscheidung ergeht dann
innerhalb von einer Woche. Bei Personen aus »sicheren
Herkunftsstaaten« ist dadurch nicht nur das Prüfverfahren

abgekürzt, sondern auch der Zugang zu einer anwaltlichen oder rechtskundigen Beratung wird unmöglich gemacht. Zudem sind die Rechtsschutzmöglichkeiten im Vergleich zu einer Ablehnung als »einfach« unbegründet erheblich verkürzt.

Die Tatsache, dass eine Person aus einem »sicheren Herkunftsstaat« stammt, entbindet das BAMF nicht von seiner Pflicht, eine individuelle Prüfung des Asylantrages durchzuführen. Es hat die Antragsteller/-innen anzuhören und den Vortrag aus der Anhörung rechtlich zu würdigen. Um die Nichtverfolgungsvermutung zu widerlegen bzw. zu erschüttern, soll es nach dem Gesetzeswortlaut ausreichen, wenn die von dem/der Betroffenen angegebenen Tatsachen die Annahme begründen, dass dem/der Betroffenen in seinem Herkunftsstaat politische Verfolgung droht. Man denke hier zum Beispiel an die Gruppe der Sinti und Roma, die in vielen Balkanstaaten Vertreibung und Verfolgung erleiden, oder an Homosexuelle, die je nach Herkunftsland gezwungen sind, in homophoben Gesellschaften zu leben, und täglich Diskriminierung und Gewalt ausgesetzt sind. Oder man denke an Frauen und Mädchen, die sexueller Gewalt oder Zwangsverheiratung ausgesetzt waren.

Praxishinweis zum Umgang des BAMF mit Personen aus »sicheren Herkunftsstaaten«

In der Praxis ist es für Personen aus »sicheren Herkunftsstaaten« jedoch häufig unmöglich, mit ihren Asylgründen überhaupt wirklich durchzudringen. Sei es, weil die Anhörung bereits so verläuft, dass ein umfassender Vortrag nicht möglich ist oder die vorgetragenen asylrelevanten Tatsachen vom BAMF als nebensächlich oder irrelevant bewertet werden.

Gemäß § 30 AsylG kommt eine Ablehnung als offensichtlich unbegründet jedoch nicht nur für Personen aus sicheren Herkunftsstaaten in Betracht. § 30 AsylG regelt weitere Fallkonstellationen, bei deren Vorliegen eine Offensichtlichkeitsentscheidung zulässig sein soll. Im Wesentlichen lässt § 30 AsylG eine solche Entscheidung zu, wenn davon auszugehen ist, dass der Asylantrag »missbräuchlich« bzw. aus asylfremden Gründen gestellt worden ist. Gemäß § 30 Abs. 2 AsylG ist ein Asylantrag »insbesondere offensichtlich unbegründet, wenn nach den Umständen des Einzelfalles offensichtlich ist, dass sich der Ausländer nur aus wirtschaftlichen Gründen oder um einer allgemeinen Notsituation zu entgehen, im Bundesgebiet aufhält«. Gemäß § 30 Abs. 3 AsylG ist ein unbegründeter Asylantrag als offensichtlich unbegründet abzulehnen, wenn:

1. in wesentlichen Punkten das Vorbringen des Antragstellers/der Antragstellerin nicht substantiiert oder in sich widersprüchlich ist, offenkundig den Tatsachen nicht entspricht oder auf gefälschte oder verfälschte Beweismittel gestützt wird,

2. der Antragsteller/die Antragstellerin im Asylverfahren über seine/ihre Identität oder Staatsangehörigkeit täuscht oder diese Angaben verweigert,

3. er/sie unter Angabe anderer Personalien einen weiteren Asylantrag oder ein weiteres Asylbegehren anhängig gemacht hat,

4. er/sie den Asylantrag gestellt hat, um eine drohende Aufenthaltsbeendigung abzuwenden, obwohl er zuvor ausreichend Gelegenheit hatte, einen Asylantrag zu stellen,

5. er/sie seine Mitwirkungspflichten nach § 13 Abs. 3 Satz 2, § 15 Abs. 2 Nr. 3 bis 5 oder § 25 Abs. 1 AsylG gröblich verletzt hat; es sei denn er/sie hat die Verletzung der Mitwirkungspflichten nicht zu vertreten oder ihm/ihr war die Einhaltung der Mitwirkungspflichten aus wichtigen Gründen nicht möglich,

6. er/sie nach §§ 53, 54 des Aufenthaltsgesetzes vollziehbar ausgewiesen ist,

7. der Antrag für einen nach diesem Gesetz handlungsunfähigen Antragsteller/eine handlungsunfähige Antragstellerin gestellt wird oder nach § 14a AsylG als gestellt gilt, nachdem zuvor Asylanträge der Eltern oder des allein personensorgeberechtigten Elternteils unanfechtbar abgelehnt worden sind.

Formell ist eine Offensichtlichkeitsentscheidung zunächst nur dann zulässig, wenn sich die Offensichtlichkeit sowohl auf die Asylberechtigung (Art. 16a GG) als auch auf die Flüchtlingsanerkennung (§ 3 AsylG) beziehen lässt. Nachdem der Begriff des Asylantrages seit Inkrafttreten des dritten RiLiUmsG auch den subsidiären Schutz umfasst (vgl. § 13 AsylG), gilt dies auch für den subsidiären Schutz. Da es zu der Einbeziehung des subsidiären Schutzes noch keine obergerichtliche Rechtsprechung gibt, wird der subsidiäre Schutz vom BAMF in der Regel als »einfach« unbegründet abgelehnt. Hierdurch ergibt sich in den Bescheiden eine »Schwachstelle«, die sich im Rechtsmittel eventuell erfolgreich angreifen lässt.

Für die materielle Prüfung hat das Bundesverfassungsgericht (BVerfG) mit Blick auf die eingeschränkten Rechtsschutzmöglichkeiten im Falle einer Offensichtlichkeitsentscheidung strenge Kriterien entwickelt, die das BAMF bei seiner Entscheidung zwingend zu berücksichtigen hat. Danach gilt, »dass ein Asylantrag offensichtlich unbegründet ist, wenn aufgrund einer umfassenden Würdigung der vom Asylbewerber vorgetragenen oder sonst erkennbaren Umstände unter Ausschöpfung aller vorliegenden Erkenntnismittel an der Richtigkeit der tatsächlichen Feststellungen vernünftigerweise keine Zweifel bestehen können und sich bei einem solchen Sach-

verhalt nach allgemein anerkannter Rechtsauffassung
die Ablehnung des Asylantrages geradezu aufdrängt«
(BVerfG 65, 76, 96).

**Praxishinweis zu Offensichtlichkeitsentscheidungen
zu Herkunftsländern, die keine »sicheren Herkunftsstaaten« im Sinne des Gesetzes sind**

Es kommt vor, dass auch Verfahren von Personen aus Ver-
folgungsländern und Bürgerkriegsgebieten wie Äthiopien,
Eritrea, Afghanistan oder Somalia als offensichtlich unbegründet abgelehnt werden, und zwar mit der Begründung,
dass eine Asylantragstellung aus asylfremden Motiven
erfolgt ist. In der Regel halten diese Entscheidungen
einer gerichtlichen Überprüfung jedoch – zu Recht – nicht
Stand, denn es liegt auf der Hand, dass der Vorwurf einer
»missbräuchlichen« Antragsstellung hier fernliegt.

Rechtsmittel: Die Einreichung einer Klage (Verpflichtungsklage) allein hat keine aufschiebende Wirkung, weshalb
zusätzlich zur Klage ein Eilverfahren gemäß § 80 Abs. 5
VwGO anhängig gemacht werden muss. ACHTUNG: Die
Frist zur Einlegung der Klage und des Eilantrages beträgt
lediglich eine Woche (§ 74 AsylG), gerechnet ab dem Tag
der Zustellung des Bescheides. Die Abschiebung ist bei
rechtzeitiger Einreichung des Eilantrags vor der gerichtlichen Entscheidung nicht zulässig.

Das Verfahren wird wie ein Drittstaatenverfahren von
§ 36 AsylG (»extremes Eilverfahren«) bestimmt, diesbezüglich wird auf die vorherigen Ausführungen zum
Drittstaatenverfahren (3.7.2.7) verwiesen.

3.7.2.9 Das Asylverfahren wird gemäß § 32 AsylG oder 33 AsylG eingestellt

Der Tenor lautet:

1. Das Verfahren wird eingestellt.
2. Abschiebungsverbote gemäß § 60 Abs. 5–7 AufenthG liegen nicht vor.
3. Der Antragsteller wird aufgefordert, die Bundesrepublik Deutschland innerhalb von einer Woche nach Bekanntgabe dieser Entscheidung zu verlassen. Sollte der Antragsteller die Ausreisefrist nicht einhalten, wird er (z. B. nach Mazedonien) abgeschoben.
4. Der Antragsteller kann auch in einen anderen Staat abgeschoben werden, in den er einreisen darf und der zu seiner Aufnahme bereit ist.
5. Das gesetzliche Einreise- und Aufenthaltsverbot gemäß 11 Abs. 1 AsylG wird auf dreißig Monate ab dem Tag der Abschiebung festgesetzt.

Das BAMF hat seine Entscheidung zu begründen.

Einstellung bei *Antragsrücknahme gemäß § 32 AsylG:*
Eine Rücknahme des Asylantrags ist gegenüber dem BAMF zu erklären und ist bis zur endgültigen Bestandskraft des Asylbescheids zulässig, das heißt auch noch bis zum rechtskräftigen Abschluss des gerichtlichen Verfahrens. Wird der Asylantrag zurückgenommen, wird das Verfahren gemäß § 32 AsylG eingestellt. Das BAMF hat dennoch die nationalen Abschiebeverbote gemäß § 60 Abs. 5 bis 7 AufenthG zu prüfen. Liegen Anhaltspunkte für die Feststellung eines Abschiebeverbots vor und wurde der Antragsteller/die Antragstellerin hierzu noch nicht angehört, kann es aus rechtsstaatlichen Gründen geboten sein, nachträglich eine Anhörung durchzuführen oder den Sachverhalt auf anderem Wege auszuermitteln. Liegen solche Anhaltspunkte nicht vor, stellt das BAMF das Verfahren ein, setzt eine Ausreisefrist

von einer Woche und erlässt eine Abschiebungsandrohung nach § 34 AsylG sowie ein Einreise- und Aufenthaltsverbot.

Rechtsmittel: Die richtige Klageart ist die Anfechtungsklage. Die Klage allein kann die Vollziehbarkeit der Abschiebung nicht stoppen, weshalb zusätzlich zur Klage ein Eilverfahren gemäß § 80 Abs. 5 VwGO anhängig gemacht werden muss, mit dem die Anordnung der aufschiebenden Wirkung der Klage beantragt wird. ACHTUNG: Die Frist zur Einlegung der Klage und des Eilantrages beträgt lediglich eine Woche (§ 74 AsylG), gerechnet ab dem Tag der Zustellung des Bescheides.

Praxishinweis

In der Regel wird der Asylantrag nur zurückgenommen, wenn in der Zwischenzeit ein anderweitiges Aufenthaltsrecht erlangt werden konnte. In diesen Fällen ist es sowohl rechtswidrig, eine Abschiebungsandrohung zu erlassen als auch ein Einreise- und Aufenthaltsverbot auszusprechen. Auch wenn die Abschiebung aufgrund des gegebenenfalls bestehenden anderweitigen Aufenthaltsrechts nicht vollzogen werden kann, ist es sinnvoll, Ziffer 3. und 4. des Bescheids vom Verwaltungsgericht aufheben zu lassen.

Einstellung des Verfahrens wegen »Nichtbetreiben des Verfahrens« gemäß § 33 AsylG
Der Tenor ist identisch mit dem Tenor einer Einstellung des Verfahrens im Falle einer Rücknahme des Asylantrages, denn der Antrag gilt im Falle des Nichtbetreibens ebenfalls als zurückgenommen.

Im Falle einer erstmaligen Einstellung wegen Nichtbetreibens besteht gemäß § 33 Abs. 5 AsylG die Möglichkeit, innerhalb von neun Monaten nach bestandskräftiger Einstellung des Verfahrens einen Wiederaufnahmeantrag zu stellen. Hierfür muss der Antragsteller/die Antragstellerin persönlich bei der Außenstelle des BAMF, welche die Einstellungsentscheidung getroffen hat, vorsprechen und die Wiederaufnahme beantragen. Das Verfahren wird anschließend an der Stelle wiederaufgenommen, an der es eingestellt wurde, ohne dass dem Antragsteller/der Antragstellerin dadurch Nachteile entstehen dürfen. Ein häufiger Fall der Einstellung wegen Nichbetreibens ist, wenn der Antragsteller/die Antragstellerin nicht zur Anhörung erscheint. Wird das Verfahren in einem solchen Fall wiederaufgenommen ist er/sie erneut zur Anhörung zu laden

Durch die Neufassung des Gesetzes im Rahmen des Asylpakets II wurde die Einstellung für das BAMF erheblich erleichtert – mit der Folge, dass die Einstellungsentscheidungen deutlich zugenommen haben. Im Ergebnis sind die Entscheidungen aufgrund der Möglichkeit der Wiederaufnahme nicht so dramatisch. Gleichzeitig wird mit der Entscheidung über die Einstellung jedoch auch eine Abschiebungsandrohung erlassen, die nach Ablauf der Ausreisefrist von einer Woche vollstreckbar ist. Der Bescheid und die damit verbundene Abschiebungsandrohung werden nach der Wiederaufnahme des Verfahrens zwar aufgehoben. Bis dahin ist die Abschiebung nach Ablauf der Ausreisefrist jedoch vollstreckbar. *Es ist deshalb ratsam, auch gerichtlich gegen den Einstellungsbescheid vorzugehen, um die Abschiebungsandrohung aufheben zu lassen* und dadurch Rechtssicherheit zu erlangen. Zudem ist ein Wideraufgreifen nach § 33 Abs. 5 AsylG nur bei einer erstmaligen Einstellung des Verfahrens möglich. War die Einstellung rechtswidrig und geht man nicht gerichtlich gegen sie vor, kann es sein, dass der einmalige »Fehltritt«, den das Gesetz zulässt, »verbraucht« ist und man sich im Falle einer erneuten Einstellung nicht noch

einmal auf eine unschädliche Wiederaufnahme berufen
kann. Zudem kann das Verfahren gemäß § 33 Abs. 4
AsylG auch eingestellt werden, wenn der Antragsteller/
die Antragstellerin während des Asylverfahrens in sein/
ihr Heimatland gereist ist. Für diese Fälle gilt die Wieder-
aufnahmemöglichkeit des § 33 Abs. 5 AsylG nicht.

Trotz der Möglichkeit der Wiederaufnahme sind einige
Ausführungen zu § 33 AsylG nötig. Gemäß § 33 Abs. 2
AsylG wird vermutet, dass der Antragsteller/die Antrag-
stellerin das Verfahren nicht betreibt, wenn:

- er/sie der Aufforderung zur Mitwirkung (z. B. erkennungsdienstliche Behandlung) oder der Ladung zur
  Anhörung nicht nachkommt oder untergetaucht ist,
- ein Schnellverfahren im Sinne des § 30a AsylG geführt
  wird,
- er/sie gegen die räumliche Beschränkung seiner Aufenthaltsgestattung (Verbleib in der EAE bis zum Abschluss des Verfahrens) verstoßen hat.

Die Einstellung des Verfahrens bei einem Verstoß gegen
die räumliche Beschränkung dient der Sanktionierung von
Personen, die sich bis zum Abschluss ihres Verfahrens in
einer Erstaufnahmeeinrichtung aufzuhalten haben. Melden sie sich nicht unmittelbar nach der Aufforderung des
BAMF in dieser Einrichtung oder verstoßen sie auf andere
Weise gegen ihre räumliche Beschränkung, wird vermutet,
dass sie ihr Verfahren nicht betreiben und ihr Verfahren
wird eingestellt.

Gemäß § 33 Abs. 4 AsylG ist der Antragsteller/die
Antragstellerin zu Beginn des Verfahrens oder spätestens
mit der Ladung zur Anhörung über die Konsequenzen
im Falle eines Nichtmitwirkens oder Nichterscheinens –
mit Nachweis über die Kenntnisnahme der Belehrung
(Empfangsbekenntnis) – zu belehren. Es reicht nicht aus,
wenn in der Belehrung lediglich darauf hingewiesen wird,

dass im Falle des Nichtmitwirkens/Nichterscheinens nach Aktenlage entschieden werden kann. Vielmehr muss das BAMF explizit auf die mögliche Verfahrenseinstellung hinweisen. Wurde der Antragsteller/die Antragstellerin nicht ordnungsgemäß belehrt, ist die Einstellung rechtswidrig und kann gerichtlich angegriffen werden.

Praxishinweis zu Konstellationen, in denen die gesetzliche Vermutung des Nichbetreibens nicht gilt

Die gesetzliche Vermutung des Nichtbetreibens gilt nicht, wenn der Antragsteller/die Antragstellerin unverzüglich nachweist, dass er/sie auf die ihm/ihr vorgehaltenen Versäumnisse/Handlungen keinen Einfluss hatte. Der Begriff »unverzüglich« bedeutet im Rechtssinne normalerweise zwei Wochen. In der Praxis erlässt das BAMF die Einstellungsbescheide jedoch häufig wenige Tage nach dem Nichterscheinen zur Anhörung. Sollte der Antragsteller/die Antragstellerin mithin den Termin zur Anhörung nicht wahrnehmen können, sollte dies möglichst am gleichen Tag oder so schnell wie möglich unter Vorlage von Nachweisen dem BAMF mitgeteilt werden. Kann der Antragsteller/die Antragstellerin krankheitsbedingt nicht erscheinen, reicht es nicht aus, dass eine Arbeitsunfähigkeitsbescheinigung vorgelegt wird, vielmehr muss der Arzt/die Ärztin die Verhandlungsunfähigkeit des Antragstellers/der Antragstellerin bescheinigen.

Zudem kann die gesetzliche Vermutung auch dann nicht gelten, wenn der Antragsteller/die Antragstellerin auf andere Weise, zum Beispiel durch Mitwirken an anderen Verfahrenshandlungen, Einreichung einer Untätigkeitsklage oder Sachstandsanfragen deutlich zu Tage gebracht hat, dass er/sie das Verfahren betreibt.

Auch bei der Einstellungsentscheidung wegen Nichtbetreibens hat das BAMF über die nationalen Abschiebeverbote gemäß § 60 Abs. 5 bis 7 AufenthG zu entscheiden. Liegen Anhaltspunkte für die Feststellung eines Abschiebeverbots vor und konnte der Antragsteller/die Antragstellerin hierzu noch nicht vortragen, kann es aus rechtsstaatlichen Gründen geboten sein, nachträglich eine Anhörung durchzuführen oder den Sachverhalt auf anderem Wege auszuermitteln.

Neben der Einstellungsvorschrift des § 33 AsylG sieht § 25 Abs. 4 AsylG für Personen, die ihren Wohnsitz bereits außerhalb der EAE haben, vor, dass das BAMF bei unentschuldigtem Nichterscheinen zur Anhörung auch nach Aktenlage entscheiden kann. Soll nach Aktenlage entschieden werden, muss das BAMF dem Antragsteller/der Antragstellerin eine Gelegenheit zur schriftlichen Stellungnahme einräumen. Die schriftliche Stellungnahme muss innerhalb eines Monats dem BAMF vorgelegt werden. Äußert sich der Antragsteller/die Antragstellerin nicht innerhalb der Monatsfrist, wird nach Aktenlage entschieden. Da die Vorschriften alle relativ neu sind, ist nicht ganz klar, ob es sich hier um ein redaktionelles Durcheinander handelt oder ob dem BAMF hier beide Optionen zur Verfügung stehen. In der Praxis wird aktuell zumeist eingestellt und nicht nach Aktenlage entschieden.

Die *Rechtsmittel* und der Ablauf des gerichtlichen Verfahrens sind mit denen identisch, die bei der Einstellungsentscheidung nach Rücknahme des Asylantrages aufgeführt worden sind.

4 Alle Rechtsmittel sind gescheitert, die Abschiebung droht, was kann man tun?

Ist das Asylverfahren rechtskräftig abgelehnt, hat dies nicht zwingend eine Abschiebung zur Folge. Es ist zunächst zu prüfen, ob eventuell inlandsbezogene Abschiebehindernisse (Duldungsgründe) vorliegen oder die Möglichkeit besteht, ein anderweitiges Aufenthaltsrecht zu erhalten. Gegebenenfalls kann auch ein Asylfolgeantrag oder ein Zweitantrag beim BAMF sinnvoll sein.

4.1 Sonstige mögliche Aufenthaltsrechte

Es ist nicht möglich, hier alle infrage kommenden anderweitigen Aufenthaltsrechte darzustellen. Im Wesentlichen sollten hierbei jedoch folgende Paragraphen des AufenthG in den Blick genommen werden: Aufenthalte zum Zweck der Beschäftigung gemäß § 18 und 18a, Aufenthalte aus humanitären Gründen gemäß den §§ 24, 25 Abs. 4 und 5, § 25 a und b und Aufenthalte aus familiären Gründen gemäß § 27 bis 36 AufenthG.

4.2 Liegen Duldungsgründe gemäß § 60a AufenthG vor?

Gemäß § 60a Abs. 2 AufenthG ist die Abschiebung auszusetzen, wenn die Abschiebung aus rechtlichen oder tatsächlichen Gründe unmöglich ist oder dringende persönliche oder humanitäre Gründe vorliegen, die die weitere Anwesenheit im Bundesgebiet erfordern (z.B. das Vorliegen einer Ausbildungsduldung gemäß § 60a Abs. 2 S. 4 ff.).

Eine Abschiebung kann zum Beispiel aus rechtlichen Gründen unmöglich sein, wenn:

- die Abschiebung nicht durchführbar ist, da keine Abschiebewege vorhanden sind,
- das Recht auf familiäre Lebensgemeinschaft oder ein Umgangsrecht beeinträchtigt wird,
- ein Härtefallantrag läuft (Verfahrensduldung),
- der/die Betroffene als faktischer Inländer anzusehen ist (hier geboren und aufgewachsen ist und keinerlei Bezug zu dem bloß noch formellen Heimatland besteht),
- eine Eheschließung unmittelbar bevorsteht.

Tatsächliche Gründe liegen zum Beispiel vor, wenn der/die Betroffene nicht im Besitz eines Passes ist; im Falle einer schweren Erkrankung, die eine Reiseunfähigkeit mit sich zieht (z. B. Glasknochenkrankheit, Posttraumatische Belastungsstörung, Suizidalität, o. Ä.) oder im Falle einer fortgeschrittenen Schwangerschaft.

4.3 Asylfolgeantrag gemäß § 71 AsylG oder Zweitantrag gemäß § 71 a AsylG

4.3.1 Folgeantrag gemäß § 71 AsylG

Für einige Betroffene kann es sinnvoll sein, einen sogenannten Asylfolgeantrag zu stellen. Ein Asylfolgeantrag ist dann möglich, wenn neue Asylgründe oder neue Beweismittel bzw. Beweistatsachen vorliegen. Die Gründe aus dem ersten Asylverfahren können nicht mehr angeführt werden, weil sie durch das erste Verfahren »verbraucht« wurden. Neue Gründe können zum Beispiel sein: eine deutliche Verschlechterung der Sicherheits- oder Versorgungslage im Herkunftsstaat bzw. im Zielstaat der Abschiebung, exilpolitische Aktivitäten oder die Asyl- oder Flüchtlingsanerkennung eines Familienmitglieds (Familienasyl).

Der Folgeantrag ist persönlich bei der Außenstelle des BAMF zu stellen, die auch für das Erstverfahren zuständig war. § 71 AsylG schreibt mit Verweis auf § 51 Abs. 1 bis 3 Verwaltungsverfahrensgesetz (VwVfG) vor, dass der Antrag innerhalb von drei Monaten, nachdem der/die Betroffene Kenntnis von den neuen Gründen erlangt hat, gestellt werden muss (Ausschlussfrist). Gerechnet wird ab dem Tag der Kenntnisnahme. Die Ausschlussfrist verstößt gegen Art. 40 der Verfahrensrichtlinie. Die Verfahrensrichtlinie kennt keine Ausschlussfrist und lässt eine solche folglich nicht zu. Aufgrund des Verstoßes gegen die Verfahrensrichtlinie sind Entscheidungen, die damit begründet werden, die neuen Gründe seien »verspätet« vorgetragen worden, rechtswidrig. Ist es dem Antragsteller/der Antragstellerin möglich, die neuen Gründe innerhalb von drei Monaten nach Kenntnisnahme im Rahmen eines Folgeantrages geltend zu machen, sollte sie/er das tun, um Diskussionen mit dem BAMF zu vermeiden. Gelingt es nicht, kann mit der Asylverfahrensrichtlinie argumentiert werden.

Für die Dauer der Prüfung, ob ein Folgeantrag zur Prüfung durch das BAMF angenommen wird, gilt das gesetzliche Abschiebeverbot des § 71 Abs. 5 AufenthG. ACHTUNG: Verfügt der Antragsteller/die Antragstellerin über einen Aufenthaltstitel gemäß §§ 22, 23, 25 Abs. 3 oder 5 AufenthG führt die erneute Asylantragstellung gemäß § 51 Abs. 1 Nr. 8 AufenthG zum Erlöschen der Aufenthaltserlaubnis. Es sollte deshalb in diesen Fällen vor jedem Folgeantrag gut abgewogen werden, ob eine erneute Asylantragstellung wirklich zu einem besseren Status führen kann.

Rechtsmittel: Lehnt das BAMF die Durchführung eines weiteren Asylverfahrens ab, ergeht eine Unzulässigkeitsentscheidung. Es hängt dann von der Art der Entscheidung ab, welche Rechtsmittel einzulegen sind. Das BAMF hat die Möglichkeit, keine neue Ausreisefrist oder Abschiebungsandrohung bzw. -anordnung zu erlassen – mit der Folge, dass die Abschiebungsandrohung bzw. -anordnung aus dem Erstverfahren »wieder auflebt«. Eine Abschiebung darf dann gemäß § 71 Abs. 5 AsylG erst nach einer entsprechenden Mitteilung an die Ausländerbehörde vollzogen werden. Liegt eine solche Konstellation vor, ist eine Klage (Anfechtungsklage) einzureichen. Diese ist mit einem sogenannten Antrag auf einstweilige Anordnung gemäß § 123 VwGO beim Verwaltungsgericht einzureichen, mit dem beantragt wird, das BAMF zu verpflichten, eben diese Mitteilung an die Ausländerbehörde zu unterlassen. Für die Klage gilt die Frist von zwei Wochen, für den Eilantrag gemäß § 123 VwGO gibt es keine Frist. Erlässt das BAMF eine neue Ausreisefrist und eine Abschiebungsandrohung bzw. -anordnung, ist der ablehnende Bescheid mit einer Klage (Anfechtungsklage/ Verpflichtungsklage), verbunden mit einem Eilantrag nach § 80 Abs. 5 AylG, anzugreifen. Ist die Sache entscheidungsreif kann in der Hauptsache auch eine Verpflichtungsklage das richtige Rechtsmittel sein. ACHTUNG: In dieser Konstellation beträgt die Rechtsmittelfrist lediglich eine Woche, es handelt sich auch hier um ein »extremes Eilverfahren« im Sinne des § 36 AsylG!

4.3.2 Zweitantrag gemäß § 71a AsylG

Der Zweitantrag ist ein »Folgeantrag« für Personen, deren Erstverfahren (Asylverfahren) in einem sicheren Drittstaat (§ 26a AsylG) erfolglos geblieben ist und die nun in der BRD einen erneuten Asylantrag stellen. Voraussetzung ist, dass die BRD für die Durchführung des Verfahrens zuständig ist. Im Übrigen gelten dieselben Voraussetzungen wie beim Folgeantrag. Allerdings muss der negative Ausgang des Verfahrens im Drittstaat feststehen. Da mit der Annahme, dass es sich um einen Zweitantrag handelt, die Rechte des Antragstellers/der Antragstellerin erheblich eingeschränkt werden, obliegt es dem BAMF den negativen Abschluss des Erstverfahrens im Rahmen seiner Amtsermittlungspflicht zu belegen. Gelingt dies nicht, ist das Verfahren als Erstverfahren zu prüfen. Das heißt: Ein Verfahren darf nur dann als Zweitantrag behandelt werden, wenn feststeht, dass das Erstverfahren in einem anderen Staat erfolglos abgeschlossen worden ist. Liegen keine hinreichenden Informationen zum Ausgang des Verfahrens vor, ist der Antrag als Erstantrag zu behandeln. Das BAMF ist im letzten Jahr jedoch wiederholt ausschließlich auf Grundlage von Mutmaßungen davon ausgegangen, dass es sich um ein Zweitverfahren handelt. Die Entscheidungen wurden von den Verwaltungsgerichten flächendeckend aufgehoben. Für die Dauer des Verfahrens besteht ein gesetzlicher Duldungsgrund gemäß § 71 a AsylG.

Rechtsmittel: Lehnt das BAMF die Durchführung eines weiteren Verfahrens ab, ergeht eine Unzulässigkeitsentscheidung. Die Entscheidung kann mit einer Klage (Anfechtungsklage), verbunden mit einem Eilantrag gemäß § 80 Abs. 5 VwGO, angegriffen werden. ACHTUNG: Die Rechtsmittelfrist beträgt lediglich eine Woche, es handelt sich auch hier um ein »extremes Eilverfahren« im Sinne des § 36 AsylG!

4.4 Kirchenasyl

Man spricht von einem Kirchenasyl, wenn eine Pfarrei oder Kirchengemeinde aus dringenden humanitären Gründen beschlossen hat, Personen, die von Abschiebung bedroht sind, für eine begrenzte Zeit in Räumlichkeiten, die der Gemeinde zugehörig sind, unterzubringen, sie zu versorgen, zu unterstützen und vor einer Abschiebung zu schützen. Die Aufnahme in ein Kirchenasyl erfolgt, wenn die Verantwortlichen der Gemeinde zu der Überzeugung gelangt sind, dass einer Person im Falle einer Abschiebung schwere Menschenrechtsverletzungen, zum Beispiel Folter und Tod, drohen oder für sie mit einer Abschiebung existenzielle soziale und inhumane Härten verbunden sind.

Rechtlich macht es keinen Unterschied, ob jemand in einer Privatwohnung oder einem Pfarr- bzw. Gemeindehaus wohnt, tatsächlich schon. Ohne dass es hierfür eine materiell-rechtliche Grundlage gibt, respektieren die für die Vollziehung der Abschiebung zuständigen Behörden den »kirchlich geschützten Raum«. Die mit dem Verfahren befassten Behörden (Ausländerbehörde/ggf. Zentrale Ausländerbehörde/BAMF/Sozialamt) müssen unmittelbar noch an dem Tag der Aufnahme in das Kirchenasyl unter Angabe der Adresse und der Personendaten des/der Aufgenommenen sowie dem Aktenzeichen des BAMF informiert werden. Ansonsten kann es passieren, dass die Person, wenn sie an ihrem Wohnsitz nicht mehr angetroffen werden kann, als untergetaucht gilt.

Kirchenasyl kann immer nur »ultima ratio« sein, das heißt, alle anderen Möglichkeiten müssen ausgeschöpft sein. Mit der Aufnahme in ein Kirchenasyl kann vor allem erstmal Zeit gewonnen werden. Diese Zeit kann nun dazu genutzt werden, die Situation erstmalig oder erneut rechtlich begutachten zu lassen, entsprechende Anträge vorzubereiten und zu stellen. In Dublin-Verfahren kann eine Aufnahme im Kirchenasyl sinnvoll sein, um gegenüber dem BAMF die individuellen Härtegründe im Einzelfall darzulegen und um die Ausübung des Selbsteintrittsrechts zu bitten.

Wer sind die Ansprechpartner? Mittlerweile gibt es gut funktionierende deutschlandweite Netzwerke, die mit Kirchenasylen befasst sind. Die jeweiligen Ansprechpartner

vor Ort finden Sie zum Beispiel über folgende Seite: http://
www.kirchenasyl.de/adressen-links-laendernetzwerke/.
Natürlich kann man auch einfach mit der Kirche vor Ort
das Gespräch suchen und die Möglichkeit eines Kirchen-
asyls gemeinsam besprechen. Vor der Aufnahme in ein
Kirchenasyl sollte jedoch immer der Kontakt mit den An-
sprechpartnern/Ansprechpartnerinnen vor Ort gesucht
werden.

4.5 Härtefallkommission

Jedes Bundesland verfügt über eine eigene Härtefallkommission. Die Härtefallkommission ist ein unab-
hängiges Gremium. Wenn nach den Feststellungen
der Härtefallkommission dringende humanitäre oder
persönliche Gründe vorliegen, die ausnahmsweise die
weitere Anwesenheit des Betroffenen/der Betroffenen
im Bundesgebiet rechtfertigen (§ 23a Abs. 2 Satz 4 AufenthG), kann sie dem in dem jeweiligen Bundesland zuständigen Ministerium Empfehlungen zur Gewährung
eines Aufenthaltsrechts vorlegen. Rechtsgrundlage hierfür ist § 23a AufenthG in Verbindung mit dem Härtefall-
kommissionsgesetz. Ergeht eine Empfehlung der Härtefallkommission an das jeweilige Ministerium, so wird dem/
der Betroffenen in der Regel eine Aufenthaltserlaubnis
gemäß § 23a AsylG erteilt. Die letzte Entscheidung liegt
jedoch beim zuständigen Ministerium.

Voraussetzungen für einen Härtefallantrag: In einigen
Bundesländern ist es eine zwingende Voraussetzung für
den Härtefallantrag, dass zuvor eine Landtagspetition
(negativ) abgeschlossen wurde, damit feststeht, dass alle
rechtlich nach dem AufenthG in Betracht kommenden
Möglichkeiten ausgeschöpft wurden. In anderen Bundesländern hemmt die laufende Petition den Härtefallantrag.
Es ist also ratsam, sich je nach Land über die aktuelle

Rechtslage zu informieren. Dies kann über die Flüchtlingsräte erfolgen.[9]

Für die Begründung des Härtefallantrages müssen insbesondere die besondere Härte im Fall einer Abschiebung, die gelungene Integration, die Umstände bezüglich der Lebensunterhaltssicherung (wenn der/die Betroffene sich nicht in Arbeit befindet, ist die Vorlage von Arbeitsangeboten bzw. Nachweisen über die Bemühungen, Arbeit zu finden unabdingbar) ausführlich dargelegt werden. Härtefallanträge können von Freunden, Vereinen, Gemeinden etc. im Namen und in Vollmacht des/der Betroffenen eingelegt werden. Das ist in der Regel sinnvoller als von einem Anwalt/einer Anwältin oder dem/der Betroffenen selbst. Es sollte jedoch zuvor dringend, zum Beispiel über die Flüchtlingsräte, fachkundiger Rat eingeholt werden!

Ablauf des Verfahrens bei der Härtefallkommission: Der Antrag ist über ein Mitglied der Härtefallkommission zu stellen (Eingabe bei der Geschäftsstelle). Die Geschäftsstelle prüft dann zunächst, ob Nichtannahmegründe vorliegen. Ist dies nicht der Fall, wird der Antrag an die Vorprüfungskommission der Härtefallkommission weitergeleitet. Die Vorprüfungskommission entscheidet dann, ob der Härtefallantrag angenommen und zur Prüfung an die Kommission weitergeleitet wird. Die mit dem Verfahren befassten Behörden müssen unverzüglich nach der Eingabe des Antrags bei der Geschäftsstelle informiert werden. In der Regel wird dann für die Dauer des Verfahrens eine Duldung (Verfahrensduldung) erteilt.

---

9   Hilfreich ist hier auch ein Beitrag von Andreas Schwandter aus dem Asylmagazin, abrufbar unter: http://www.asyl.net/fileadmin/user_upload/beitraege_asylmagazin/Beitraege_AM_2016/AM_16–3beitrag_schwantner.pdf

Auf den Homepages der zuständigen Ministerien befinden sich die relevanten Landesgesetze, die Listen der Mitglieder der Härtefallkommission und weitere Hinweise.

4.6 Petition

Die Petition ist kein Rechtsmittelverfahren, sondern eine Bitte an den jeweiligen Petitionsausschuss des Bundestages oder Landtages, sich mit der aufenthaltsrechtlichen Situation einer vollziehbar ausreisepflichtigen Person zu befassen, indem er die Rechtmäßigkeit der behördlichen Entscheidungen, die zur Ausreisepflicht geführt haben, überprüft und bewertet. Der Petitionsausschuss kann gegenüber den zuständigen Behörden lediglich eine Empfehlung aussprechen.

Entscheidend ist zunächst festzustellen, ob eine Petition beim Bundestag oder beim jeweiligen Landtag eingereicht werden muss. Maßgeblich hierfür ist, ob eine bundesbehördliche Entscheidung (BAMF) oder eine landesbehördliche Entscheidung (Ausländerbehörde) überprüft werden soll. Für die Überprüfung asylrechtlicher Entscheidungen ist wegen der Zuständigkeit des BAMF als Bundesbehörde der Petitionsausschuss des Bundestages zuständig. Für Entscheidungen über asylunabhängige Aufenthaltstitel (z. B. Duldung, humanitäre Aufenthaltstitel), über die die Ausländerbehörden entscheiden, der jeweilige Petitionsausschuss des Landtages.

Die Voraussetzungen für die Zulässigkeit und der Ablauf des Verfahrens sind in den Bundesländern unterschiedlich geregelt. Sie können diese bei den jeweiligen Flüchtlingsräten erfragen oder im Internet anhand verschiedener Handreichungen der jeweiligen Petitionsausschüsse nachvollziehen. In der Regel wird für die Dauer des Petitionsverfahrens eine Duldung (Verfahrensduldung) erteilt.

5 Familienzusammenführung

Im Folgenden werden zunächst die wichtigsten rechtlichen Grundlagen für eine Familienzusammenführung (zu Ausländern[10]) aufgeführt. Sodann erfolgt eine praxisnahe Darstellung des Ablaufs eines Familienzusammenführungsverfahrens, die als Hilfestellung für die Begleitung in einem Familiennachzugsverfahren genutzt werden kann. Familiennachzugsverfahren verlaufen, wie dieses Kapitel zeigt, in vielen kleinen Schritten und aufgrund vieler verschiedener Regelungen.

5.1 Rechtliche Grundlagen des Familiennachzugs zu Ausländern

§ 27 AufenthG regelt den Grundsatz des Familiennachzugs. Der Familiennachzug wird zum Schutz von Ehe und Familie gemäß Artikel 6 des Grundgesetzes erteilt und verlängert. Lebenspartner/-innen sind Ehepartner/-innen gleichgestellt. Der Gesetzgeber kann den Familiennachzug vom Vorliegen einer ausreichenden Lebensunterhaltssicherung abhängig machen. § 29 AufenthG regelt den Familiennachzug zu Ausländern. Ein gesetzlicher Anspruch auf Familiennachzug besteht nur für Ehegatten/Ehegattinnen, minderjährige ledige Kinder und Eltern minderjähriger Kinder. Folgende Normen regeln die unterschiedlichen Nachzugstatbestände:

---

10 Der Begriff »Ausländer« wird in Anlehnung an die gesetzlichen Formulierung verwendet.

- § 30 AufenthG den Ehegattennachzug mit Befreiung von Sprachkenntnissen,
- § 32 AufenthG den Kindernachzug und die Erleichterung (nicht unbedingt allein sorgeberechtigt),
- § 36 I AufenthG den Nachzug der Eltern,
- § 36 II AufenthG den Nachzug sonstiger Familienangehöriger (Ermessen, hier gelten in der Regel § 5 I 1. und 2 AufenthG).

Ein Nachzug ist ausgeschlossen, wenn:

- eine »Scheinehe« nachgewiesen wird (der bloße Verdacht reicht nicht aus, siehe § 27 Abs. 1a Nr. 1 AufenthG),
- tatsächliche Anhaltspunkte für eine Zwangsehe bestehen,
- bei einer Mehrehe bereits ein Ehegatte im Bundesgebiet in familiärer Gemeinschaft lebt.

Für die Erteilung eines Aufenthaltstitels zum Familiennachzug gelten darüber hinaus grundsätzlich die allgemeinen Erteilungsvoraussetzungen des § 5 AufenthG:

- Der Lebensunterhalt ist gesichert.
- Ausreichender Wohnraum ist vorhanden.
- Ausreichende Deutschkenntnisse (§ 30 Abs. 1 Satz 1 Nr. 2) sind vorhanden.
- Identität und Staatsangehörigkeit sind geklärt.
- Es besteht kein Ausweisungsinteresse (Ausweisungsgrund).
- Es gibt keine Beeinträchtigung der Interessen der BRD (sofern kein Anspruch besteht).
- Die Passpflicht ist erfüllt.
- Die Ehegatten sind mindestens 18 Jahre alt (§ 30 Abs. 1 Satz 1 Nr. 1).
- Der hier lebende Partner hat eine Aufenthaltserlaubnis oder eine Niederlassungserlaubnis.

Des Weiteren spielen die Familiennachzugsrichtlinie sowie
die Qualifikationsrichtlinie eine entscheidende Rolle.

Familiennachzugsrichtlinie – wichtigste Artikel:
- Art. 4 d) Stiefkinder sind nachzugsberechtigt.
- Art. 9 ff. regeln die Erleichterungen für Flüchtlinge.
- Art. 10 III regelt den Nachzug der Eltern.
- Art. 11 II regelt die Beweiserleichterungen (bei Fehlen
  von Urkunden).

Qualifikationsrichtlinie – wichtigste Artikel:
- Art. 23 Wahrung des Familienverbandes.
- Art. 31 Abs. 5 verpflichtet den Aufnahmestaat, aktiv
  nach den Eltern oder anderen Angehörigen eines unbegleiteten Minderjährigen zu suchen.

5.2 Familiennachzug zu Asylberechtigten und anerkannten Flüchtlingen

5.2.1 Ehegatten und Kindernachzug

Der Familiennachzug zu Asylberechtigten und Flüchtlingen ist unter den privilegierten Voraussetzungen des
§ 29 Abs. 2 AufenthG möglich. Das Gesetz stellt für die
Anwendung der Privilegierung nicht auf den vom BAMF
zuerkannten Status, sondern auf die aufgrund des Status
erhaltene Aufenthaltserlaubnis (§ 25 Abs. 1 und 2 Abs. 1
S. 1 Alt. 1 AufenthG) ab. Um in den Genuss der Privilegierung zu kommen, muss der formlose Antrag auf Familienzusammenführung innerhalb von drei Monaten nach be-
standskräftigem Abschluss des Asylverfahrens (gerechnet
ab dem Tag der Zustellung des BAMF-Bescheides) gestellt werden. *Und* die Herstellung der familiären Lebensgemeinschaft in einem Staat, der nicht Mitgliedstaat der
Europäischen Union ist und zu dem der Ausländer oder
seine Familienangehörigen eine besondere Bindung hat/

haben, nicht möglich ist (§ 29 Abs. 2 Nr 1 AufentG). Die Privilegierung beinhaltet eine Befreiung von folgenden allgemeinen Erteilungsvoraussetzungen:

- Lebensunterhaltsicherung (inkl. Krankenversicherungsschutz),
- ausreichender Wohnraum,
- Deutschkenntnisse Niveau A 1 (§ 30 Abs. 1 Satz 1 Nr. 2 AufenthG).

Praxishinweis zum Versäumnis der »Dreimonatsfrist«

Auch wenn die Dreimonatsfrist versäumt wurde, ist der Familiennachzug weiter unter zwar eingeschränkten, aber dennoch privilegierten Voraussetzungen möglich, sog. Ermessensprivilegierung. Ausführlich hierzu im Praxishinweis zur Versäumung der »Dreimonatsfrist« in 5.5.1.

5.2.1.1 Ehegattennachzug gemäß § 30 AufenthG

Der Ehegattennachzug setzt das Vorliegen einer wirksam geschlossenen Ehe voraus. Hierbei ist auf die in dem Land der Eheschließung maßgeblichen Regeln abzustellen. Im Falle einer Mehrehe ist ein Ehegattennachzug ausgeschlossen, wenn sich bereits ein Ehepartner in der BRD aufhält. Befinden sich mehrere in der Regel Ehefrauen im Ausland, ist der Nachzug nur einer Ehefrau möglich.

5.2.1.2 Kindernachzug gemäß § 32 AufenthG

Der Kindernachzug setzt den Nachweis der Elternschaft voraus. Das Kind muss minderjährig und ledig sein. Für die Minderjährigkeit ist auf den Zeitpunkt der förmlichen Antragsstellung bei der Botschaft abzustellen, dass heißt, es reicht aus, wenn der förmliche Antrag vor

Eintritt der Volljährigkeit gestellt wird. Der Eintritt der
Volljährigkeit im laufenden Visumverfahren ist mithin
unschädlich.

Praxishinweis zur förmlichen Antragstellung, wenn die Volljährigkeit kurz bevorsteht

Gelingt es nicht vor Eintritt der Volljährigkeit des Kindes einen Termin zur persönlichen Vorsprache bei der Botschaft zu erhalten, sollte – vor Eintritt der Volljährigkeit – ein schriftlicher Antrag (mit allen notwendigen Unterlagen) an die Botschaft oder das Auswärtige Amt gefaxt werden.

Praxishinweis zu Stief- und Adoptivkindern

Stief- bzw. Adoptivkinder sind durch Art. 4 d) der Familienzusammenführungsrichtlinie gleichgestellt! Adoptivkinder sind gleichgestellt, wenn die Adoption anerkannt bzw. nachgewiesen werden kann. Pflegekinder bzw. faktische Adoptivkinder sollten gleichgestellt sein, wenn die Bindung und Abhängigkeit der von eigenen Kindern entspricht. Sind sie mit den Pflegeltern verwandt oder verschwägert, kommt ihr Nachzug auch gemäß § 36 Abs. 2 (sonstige Familienangehörige) in Betracht. Voraussetzung ist allerdings, dass eine Versagung des Einreisebegehrens für die Beteiligten eine außergewöhnliche Härte bedeuten würde. Soll die Einreise auf Grundlage des § 36 Abs. 2 AufetnhG erfolgen, ist zwar in der Regel Unterhaltssicherung erforderlich, die Ausländerbehörden/Botschaften habe hier jedoch einen Ermessenspielraum, so dass in Ausnahmefällen hiervon abgesehen werden kann.

5.2.2 Besonderheiten beim Elternnachzug gemäß § 36 Abs. 1 AufenthG

Das Kind muss über eine Aufenthaltserlaubnis gemäß § 23 Abs. 4 AufenthG (Resettlement Flüchtlinge), § 25 Abs. 1 AufenthG (Asylberechtigte), § 25 Abs. 2 S. 1 1. Alt. AufenthG (Flüchtlinge) oder eine Niederlassungserlaubnis gemäß § 26 Abs. 3 AufenthG (Flüchtlinge mit unbefristetem Aufenthaltstitel) verfügen. Das hier lebende minderjährige Kind muss beim Elternnachzug (anders als beim Kindernachzug) nicht ledig sein. Der Nachzugsanspruch der Eltern besteht nach § 36 Abs. 1 AufenthG wie auch beim Ehegatten oder Kindernachzug ohne Unterhaltssicherung und Wohnraum- sowie Sprachnachweis. Der Elternnachzug ist ausgeschlossen, wenn sich bereits ein sorgeberechtigter Elternteil in der BRD aufhält. Lebt ein Elternteil schon hier, ist der Nachzug nur möglich, wenn der hier lebende Elternteil kein Sorgerecht (mehr) innehat oder das Land verlässt.

Praxishinweis zur Konstellation, dass bereits ein sorgeberechtigter Elternteil in der BRD lebt

Eine Lösung ist unter Umständen über das Elternasyl nach § 26 Abs. 3 und 5 AsylG möglich. Erwirbt der bereits hier lebende Elternteil im Wege des Familienasyls die Asylberechtigung oder Flüchtlingsanerkennung abgeleitet von dem Kind, kann der nachzugswillige andere Elternteil, soweit die Eltern verheiratet sind, im Wege des Ehegattennachzuges einreisen.

ACHTUNG: Für den Elternnachzug gilt die Dreimonatsfrist nicht! Der Antrag kann, so lange das Kind minderjährig ist, jederzeit gestellt werden! Dennoch ist Eile geboten.

Der Elternnachzug ist nur zu minderjährigen Kindern möglich. Für die Minderjährigkeit ist der maßgebliche Zeitpunkt die Visumserteilung – nicht (wie beim Kindernachzug) die Antragstellung bei der Botschaft. Wird das Kind im Laufe des Visumverfahrens volljährig, erlischt der Nachzugsanspruch der Eltern um null Uhr des Tages, an dem das Kind volljährig wird. Dieser Grundsatz wurde vom BVerwG gegen die bis dahin herrschende familienfreundlichere Praxis in einer Entscheidung aus dem Jahr 2013 (BVerwG 10 C 9.12) festgeschrieben.

5.2.2.1 Was ist bei einem drohenden Eintritt der Volljährigkeit im laufenden Visumverfahren zu tun?

Leitsätze der Entscheidung des BVerwG (10 C 9.12):

1. »Der Anspruch auf Nachzug der Eltern nach § 36 Abs. 1 AufenthG besteht nur bis zu dem Zeitpunkt, zu dem das Kind volljährig wird. Anders als beim Kindernachzug nach § 32 AufenthG reicht eine Antragstellung vor Erreichen der jeweiligen Höchstaltersgrenze nicht aus, um den Anspruch zu erhalten.«

2. »Eltern haben die Möglichkeit, ihren Visumanspruch aus § 36 Abs. 1 AufenthG mit Hilfe einer einstweiligen Anordnung nach § 123 VwGO rechtzeitig vor Erreichen der Volljährigkeit des Kindes durchzusetzen, ohne dass ihnen der Einwand der Vorwegnahme der Hauptsache entgegengehalten werden kann.«

Der erste Leitsatz schreibt den Grundsatz fest. Mit dem zweiten wird dem Gebot des effektiven Rechtsschutzes Rechnung getragen. Eine einstweilige Anordnung ist ein Eilverfahren, mit dem eine Behörde verpflichtet wird, etwas zu tun oder zu unterlassen. Eine solche Verpflichtung ist im Wege des Eilverfahrens in der Regel nur möglich, wenn dadurch nicht die Entscheidung in der Hauptsache (hier das Visumverfahren) vorweggenommen wird. Da der

Nachzugsanspruch der Eltern im Falle eines Abwartens einer Entscheidung in der Hauptsache erlöschen würde, hat das BVerwG den Zusatz aufgenommen, dass der Einwand der Vorwegnahme der Hauptsache den Betroffenen nicht entgegengehalten werden kann. Ohne diese Rechtsschutzmöglichkeit wären die Betroffenen jeder Form willkürlichen Handelns (absichtliche Verzögerung/allgemeine überlange Verfahrensdauer) schutzlos ausgeliefert.

Praxishinweis zum drohenden Eintritt der Volljährigkeit

Sind es bis zum Eintritt der Volljährigkeit noch einige Monate und gelingt es nicht, sich mit der Botschaft und der Ausländerbehörde zu einigen und eine zügige Bearbeitung des Verfahrens zu erreichen, besteht die Möglichkeit, eine Untätigkeitsklage gemäß § 75 VwGO (frühestens drei Monate nach persönlicher Vorsprache bei der Botschaft möglich) beim Verwaltungsgericht in Berlin einzureichen. Mit der Untätigkeitsklage wird beantragt, die Botschaft zu verpflichten, in dem Verfahren eine Entscheidung zu treffen. Für alle Klagen in Visumsverfahren ist aufgrund des Sitzes des Auswärtigen Amtes in Berlin das Verwaltungsgericht in Berlin zuständig.

Wird die Zeit knapp – etwa zwei bis drei Monaten vor Eintritt der Volljährigkeit – sollte ein Antrag auf einstweilige Anordnung gemäß § 123 VwGO beim Verwaltungsgericht in Berlin gestellt werden. Mit der einstweiligen Anordnung wird beantragt, die Botschaft zu verpflichten, hilfsweise den Eltern bzw. einem Elternteil vor Eintritt der Volljährigkeit das begehrte Visum zu erteilen.

ACHTUNG: Beim Stellen des Eilantrages ist zu beachten, dass die wesentlichen Voraussetzungen für den Nachzugsanspruch zum Zeitpunkt der Einreichung des Eilantrages bereits vorliegen müssen. Das heißt, die

Sache muss/sollte bereits entscheidungsreif sein. Das bedeutet konkret: Nachweise über die Elternschaft – Geburtsurkunden, Identitätsnachweise, Familienbücher oder beim Fehlen von Urkunden DNA-Gutachten – müssen vorliegen. Urkunden müssen professionell übersetzt und gegebenenfalls legalisiert worden sein.

5.2.2.2 Können auch Geschwisterkinder mit den Eltern zusammen einreisen?

Ein weiteres Problem ist häufig, dass sich mit den Eltern noch minderjährige Geschwister des hier lebenden Kindes im Herkunftsland aufhalten. Ein gesetzlicher Anspruch auf Geschwisternachzug besteht nicht unmittelbar. Eine Rechtsgrundlage für den »Mitzug« der minderjährigen Geschwister zusammen mit den Eltern findet sich jedoch sowohl in § 32 AufenthG wie auch in § 36 Abs. 2 AufenthG.

Der »Mitzug« der Geschwister gemäß § 32 Abs. 1 Nr. 2 AufenthG
Gemäß § 32 Abs. 1 Nr. 2 AufenthG ist dem ledigen minderjährigen Kind eines Ausländers eine Aufenthaltserlaubnis zu erteilen, wenn der allein sorgeberechtigte Elternteil/beide Eltern eine Aufenthaltserlaubnis, Niederlassungserlaubnis oder Erlaubnis zum Daueraufenthalt-EG besitzt/besitzen. Dies gilt auch, wenn der allein Sorgeberechtigte/beide Eltern im Besitz eines nationalen Visums ist/sind (vgl. AVV-AufenthG Rn. 32.3.3. mit Verweis auf Rn.29.1.2.2). Die genannten Voraussetzungen liegen folglich ab der Sekunde vor, in welcher den Eltern ein Visum auf Grundlage des § 36 Abs. 1 AufenthG erteilt wird.

Der »Mitzug« der Geschwister aufgrund des Vorliegens einer
außergewöhnlichen Härte gemäß § 32 Abs. 4 AufenthG und
§ 36 Abs. 2 AufenthG

Soll ein Mitzug aufgrund des Vorliegens einer außergewöhnlichen Härte erfolgen, wird seitens der beteiligten Behörden häufig argumentiert, dass zunächst die allgemeinen Erteilungsvoraussetzungen des § 5 AufenthG (insbesondere die Lebensunterhaltssicherung, ausreichender Wohnraum) nachzuweisen sind. Hierbei wird verkannt, dass den beteiligten Behörden nach beiden in Betracht kommenden Normen ein Ermessensspielraum zusteht. Mit folgender Begründung ist in der Regel sogar von einer Ermessensreduzierung auf Null auszugehen: § 32 Abs. 4 AufenthG sieht die Erteilung einer Aufenthaltserlaubnis unabhängig des Vorliegens der allgemeinen Erteilungsvoraussetzungen vor, wenn es aufgrund der Umstände des Einzelfalles zur Vermeidung einer besonderen Härte erforderlich ist. Hierbei sind das Kindeswohl und die familiäre Situation zu berücksichtigen. Die Trennung der Geschwisterkinder von ihren Eltern stellt immer eine außergewöhnliche und besondere Härte dar, da damit eine Verletzung des Art. 6 GG, Art. 8 EMRK sowie des Kindeswohls einhergeht. Darüber hinaus ist die Situation darzulegen, in welcher sich die Kinder im Falle einer Ausreise ihrer Eltern befinden würden (zumeist kein Aufenthaltsstatus, keine Inobhutnahme durch ein Jugendamt o. Ä. möglich, Rückreise ins oder der alleinige Verbleib im Herkunftsland weder zumutbar noch realisierbar, besondere Gefährdungen aufgrund von Alter, Geschlecht, Krankheit, Behinderung, Traumatisierung etc.). Gleiches gilt für das Vorliegen einer außergewöhnlichen Härte im Sinne von § 36 Abs. 2 AufenthG. Es lohnt sich hierzu die Verwaltungsvorschriften zu § 36 Abs. 2 AufenthG nachzulesen (AVV-AufenthG Rn. 36.2).

Als zusätzliches Argument kann angeführt werden, dass die Eltern nach erfolgter Einreise und mit Stellung eines

Asylantrages einen Anspruch auf Zuerkennung des sogenannten »Familienasyls« gemäß § 26 AsylG besitzen. Die
Folge ist, dass nach erfolgter Zuerkennung des »Familien-
flüchtlingsschutzes/Familienasyls« ein Nachzugsrecht für
die minderjährigen Kinder – unter den privilegierten
Voraussetzungen des § 29 Abs. 2 Nr. 1 AufenthG – besteht.
Eine Ablehnung des »Mitzuges« der Geschwisterkinder erscheint vor diesem Hintergrund vollkommen unzumutbar.

Praxishinweis zur Versagung des »Mitzugs« von Geschwisterkindern

Ist absehbar, dass eine Einreise der Geschwisterkinder
zusammen mit den Eltern nicht durchgesetzt werden kann,
besteht die Möglichkeit, zunächst den Nachzug eines
Elternteils so schnell wie möglich durchzusetzen. Gerade
bei drohender Volljährigkeit sollte man die Anträge der
Geschwister und eines Elternteils (der dann mit den
Geschwisterkindern zurückbleiben kann) zurückstellen
und versuchen, zumindest den Antrag eines Elternteils
rechtzeitig durchzusetzen. Reist der Elternteil, zum Beispiel der Vater, ein, kann er unverzüglich einen Antrag auf
Familienasyl – abgeleitet von seinem hier lebenden Kind –
stellen. Wird ihm im Wege des Familienasyls die Flüchtlingseigenschaft zuerkannt, hat der Rest der Familie – auch
die Geschwisterkinder – einen gesetzlichen Anspruch auf
Einreise zu ihrem Vater/Ehemann. ACHTUNG: Der Antrag
auf Familienasyl muss vor Eintritt der Volljährigkeit des
hier lebenden Kindes gestellt werden.

Praxishinweis zum Geschwisternachzug ohne Eltern

Soll ein reiner Geschwisternachzug ohne Eltern stattfin-
den, müsste dies ebenfalls auf Grundlage des § 36 Abs. 2

AufenthG oder § 22 S. 1 AufenthG erfolgen. Hier ist das Vorliegen einer außergewöhnlichen Härte (§ 36 Abs. 2 AufenthG) bzw. das Vorliegen dringender völkerrechtlicher oder humanitärer Gründe (§ 22 S. 1 AufenthG) nachzuweisen (zu § 22 Abs. 1 siehe Praxishinweis in Kapitel 5.3).

5.3 Familiennachzug zu subsidiär Schutzberechtigten

Durch Änderung des Aufenthaltsgesetzes zum 1. August 2015 erfolgte eine längst überfällige Gleichstellung von subsidiär Schutzberechtigten mit Flüchtlingen und Asylberechtigten beim Familiennachzug. Gem. § 29 Abs. 2 AufenthG sollen seit 1. August 2015 subsidiär Schutzberechtigte beim Familiennachzug die gleichen Erleichterungen beanspruchen können wie anerkannte Flüchtlinge oder Asylberechtigte. Die Freude über die Öffnung des Familiennachzugs auch für subsidiär Schutzberechtigte währte nicht lange. Bereits im März 2016, also wenige Monate nach Inkrafttreten der über Monate diskutierten Gesetzesänderung, überlegte es sich der Gesetzgeber wieder anders und hielt es aufgrund der gestiegenen Asylzahlen 2015 für angemessen, das soeben eingeführte Gesetz erst einmal für zwei Jahre auszusetzen. Ab dem 18. März 2018 sollte dann der privilegierte Nachzug wieder möglich sein (§ 104 Abs. 13 AufenthG).

Obwohl die Asylzahlen 2016 bereits weit zurückgegangen waren und sich 2017 auf dem Niveau der Jahre vor 2015 eingependelt haben, ließ sich der Gesetzgeber nicht davon abbringen, die Aussetzung noch einmal zu verlängern und den privilegierten Familiennachzug zu subsidiär Schutzberechtigten insgesamt in Frage zu stellen. Am 1. Februar 2018 beschloss der Bundestag nicht nur ein Gesetz zur Verlängerung der Aussetzung – längstens bis zum 31. Juli 2018 –, sondern gab bereits vor, dass der Familiennachzug zu subsidiär Schutzberechtigten ab dem 1. August 2018 bis zum Inkrafttreten einer endgültigen Neuregelung nur noch möglich sei, wenn »humanitäre Gründe« vorliegen. Von der Privilegierung des § 29 Abs. 2 Nr. 1 AufenthG ist bereits jetzt keine Rede mehr. Das Gesetz deckelt den Härtefall-Nachzug von Familienangehörigen von subsidiär Schutzberechtigten zudem auch zahlenmäßig auf lediglich 1000 Personen im Monat. Auf welcher Grundlage die beteiligten Behörden entscheiden wollen, welchen 1000 Personen im jeweiligen Monat der Zuzug zu gewähren ist bzw. wie diese Regelung überhaupt umgesetzt werden soll, bleibt völlig unklar.

Der privilegierte Familiennachzug zu subsidiär Schutzberechtigten, den der Gesetzgeber aufgrund der erforderlichen Gleichstellung von Personen mit »internationalem Schutz« 2015 selbst als erforderlich angesehen und gesetzlich festgeschrieben hat, ist zur politischen Verhandlungsmasse geworden und wurde von allen Beteiligten großzügig gegen andere Interessen »eingetauscht«. Verfassungsrechtlich und völkerrechtlich dürfte die aktuelle Gesetzeslage nicht haltbar sein. Zu was sich der Gesetzgeber im Rahmen der Verhandlungen einer Neuregelung durchringt und wann mit dieser zu rechnen ist, bleibt offen. Klar ist, dass tausende von Familien die Tage der Aussetzung gezählt haben, Kinder und Familienangehörige bereits zu der nächstgelegenen Deutschen Botschaft gebracht wurden, alle Hoffnung auf den Moment des Endes Aussetzungen gebündelt waren und diese Menschen jetzt vor dem Nichts stehen.

Vorbehaltlich der zu erwartenden Neuregelung, werden die Verfahren ab 1. August 2018 voraussichtlich so zu führen sein wie Familiennachzugsverfahren zu Personen, die über ein sonstiges humanitäres Aufenthaltsrecht verfügen, siehe hierzu Punkt 5.4.

Während der Nachzugssperre können Härtefallanträge nach § 22 S. 1 AufenthG beim Auswärtige Amt gestellt werden. Über folgende E-Mail-Adresse können Sie Kontakt zur Härtefallstelle des Auswärtigen Amtes aufnehmen: 508–9-R1@auswaertiges-amt.de. Weitere Hinweise zum Verfahren erhalten Sie unter: https://www.dijuf.de/tl_files/downloads/2017/DRK-Such-dienst_Fachinformation_Familienzusammenfuehrung_Fluechtlinge_30.03.2017.pdf

5.4 Nachzug zu Familienangehörigen mit sonstigen humanitären Aufenthaltsrechten (unter anderem Personen für die ein Abschiebeverbot gemäß § 60 Abs. 5–7 AufenthG festgestellt wurde)

Zu Inhabern/Inhaberinnen von Aufenthaltserlaubnissen nach §§ 22, 23 Absatz 1 oder Absatz 2 oder § 25 Absatz 3 oder Absatz 4a Satz 1, § 25a Absatz 1 oder § 25b Absatz 1 kann der Nachzug nur aus völkerrechtlichen oder humanitären Gründen oder zur Wahrung politischer Interessen der Bundesrepublik Deutschland erfolgen. Humanitäre Gründe liegen allerdings immer vor, wenn die familiäre Gemeinschaft nur in Deutschland gelebt werden kann (Nr. 29.3.1.1 AVV-AufenthG). Die besonderen Privilegierungen/Befreiungen für Flüchtlinge gelten zwar nicht, von den Regelvoraussetzungen können aber in begründeten Einzelfällen Ausnahmen zugelassen werden (z. B. bei Arbeitsunfähigkeit, das heißt, der Stammberechtigte bezieht Leistungen nach dem SGB XII; bei schwerer Krankheit oder Behinderung des Stammberechtigten oder bei nachziehenden Familienangehörigen).

Fallbeispiel

Herr M. aus Somalia wurde im Rahmen eines Aufnahme-
programms aus Malta aufgenommen, er verfügt über eine
Aufenthaltserlaubnis nach § 23 Abs. 2 AufenthG. Seine
Frau und sein Kind sollen nachziehen. Herr M. hat infolge
eines Kriegstraumas einen Arm verloren. Er ist dauerhaft
arbeitsunfähig und bekommt Leistungen nach dem SGB XII.
Die familiäre Lebensgemeinschaft kann aufgrund des seit
über 25 Jahren andauernden Bürgerkrieges nicht in Somalia
gelebt werden. Von der Lebensunterhaltssicherung ist im
Wege des Ermessens aufgrund der Behinderung und der
dauerhaften Arbeitsunfähigkeit des Herrn M. abzusehen.
Herr M. lebt in einem kleinen Zimmer. Die Suche nach
ausreichendem Wohnraum hat er bereits begonnen, kann
diese jedoch nicht anmieten, weil das Sozialamt ihm nur
eine Wohnung für eine Person bezahlt. Dieses Problem ist
mit der Ausländerbehörde zu besprechen und es ist zuzu-
sichern, dass ausreichender Wohnraum unmittelbar nach
Zuzug angemietet wird.

Aktuell sind – absurderweise – Personen, die über ein
sonstiges humanitäres Aufenthaltsrecht verfügen, beim
Familiennachzug besser gestellt als subsidiär Schutzberechtigte, für die der Familiennachzug bis zum Ablauf
der Aussetzungsfrist ausgeschlossen ist.

Ein Nachzug zu Inhabern von Aufenthaltserlaubnissen
nach § 25 Absatz 4, 4b und 5, § 25a Absatz 2, § 25b Absatz 4, § 104a Abs. 1 Satz 1 und § 104b wird gemäß § 29
Abs. 3 S. 3 AufenthG wird nicht gewährt. Die Regelung
verstößt aber gegen die FZF-RL: Beruht der Aufenthaltstitel nicht auf der Zuerkennung einer subsidiären Schutz-
form und ist der hier lebende Angehörige, zu dem der
Familiennachzug erfolgen soll, im Besitz eines Aufenthaltstitels mit mindestens einjähriger Gültigkeit mit der

begründeten Aussicht darauf, ein dauerhaftes Aufenthaltsrecht zu erlangen, so findet die EU-Richtlinie Anwendung (Art. 3 Abs. 1 FZF-RL).

Fallbeispiel

Herrn B. aus Eritrea wurde in Italien die Flüchtlingseigenschaft zuerkannt Eigentlich sollte er nach Italien abgeschoben werden. Da er in Deutschland mit einer Frau, mit der er nur kurz liiert war, ein Kind bekommen hat, für das er sorgeberechtigt ist und mit dem er regelmäßig Umgang pflegt, hat die Ausländerbehörde ihm zunächst eine Duldung und nach 18 Monaten eine Aufenthaltserlaubnis gemäß § 25 Abs. 5 AufenthG erteilt. Er lebt nunmehr bereits seit sechs Jahren in Deutschland. In Eritrea hat er seine Ehefrau und drei kleine Kinder zurückgelassen. Herr B. verfügt über Deutschkenntnisse mit dem Niveau B1. Er arbeitet seit vier Jahren in derselben Firma und hat einen unbefristeten Arbeitsvertrag. Seine Aufenthaltserlaubnis wird jeweils um ein Jahr verlängert. Herr B. wird in einem Jahr die Voraussetzungen für die Erteilung einer Niederlassungserlaubnis gemäß § 26 Abs. 4 AufenthG erfüllen. Gemäß Art. 3 Abs. 1 FZF-RL erfüllt Herr B. die Kriterien für die Anwendbarkeit der Familienzusammenführung, mit der Folge, dass entgegen des Wortlauts des § 29 Abs. 3 AufenthG Familiennachzug gewährt werden muss. Die familiäre Lebensgemeinschaft kann bereits allein aufgrund der Flüchtlingsanerkennung des Herrn B. in Italien, die ihn vor einer Abschiebung nach Eritrea schützt, nicht in Eritrea gelebt werden. Vermutlich wird die größte Schwierigkeit sein, die Lebensunterhaltssicherung und ausreichenden Wohnraum nachzuweisen. Für die Berechnung der Lebensunterhaltssicherung ist maßgeblich, dass kein Anspruch auf Sozialleistungen bestehen darf. Für die Berechnung ist folglich der Bedarf der Familie, gemessen an den Regelsätzen des SGB II zu ermitteln und dem Einkommen des Herrn B. gegenüberzustellen. Kindergeld und gegebenenfalls Kin-

derzuschlag können als Einkommen hinzuaddiert werden.
Sollte dieser Weg nicht durchsetzbar sein, kann man die
Botschaft und die Ausländerbehörde bitten, das Verfahren
bis zur Erlangung der Niederlassungserlaubnis gemäß § 26
Abs. 4 AufenthG auszusetzen. Mit Erhalt der Niederlassungserlaubnis kann die Botschaft/Ausländerbehörde im Wege
des Ermessens gemäß § 29 Abs. 2 S. 1 AufenthG von der
Lebensunterhaltssicherung und vom Wohnraumnachweis
absehen. Zwar wird voraussichtlich auch das nicht ohne Weiteres geschehen, aber immerhin hat die Ausländerbehörde
im Rahmen der Ermessensentscheidung alle gewichtigen
Argumente (insbesondere die sonst drohende dauerhafte
Trennung der Familie und die überdurchschnittlichen Integ-
rationsleistungen des Herrn B. sowie die Tatsache, dass der
überwiegende Lebensunterhalt durch Einkommen gesichert
wird) zu berücksichtigen.

5.5 Ablauf des Visumverfahrens

An einem Visumverfahren sind die deutsche Botschaft
(als Vertreter des Auswärtigen Amts), die für den Stammberechtigten zuständige Ausländerbehörde und, wenn
die Betroffenen von der Passpflicht befreit werden müssen, das BAMF beteiligt. Der förmliche Antrag wird bei
der Botschaft gestellt, diese gibt den Vorgang zwecks Zustimmung an die Ausländerbehörde ab. Stimmt die Ausländerbehörde zu, hat die Botschaft immer noch die
Möglichkeit abzulehnen (was sehr selten vorkommt).
Stimmt die Ausländerbehörde nicht zu, darf die Botschaft
das Visum nicht erteilen.

5.5.1 Vorbereitung und Vorsprache bei der Botschaft

Bei der Vorbereitung auf den Visumsantrag ist zunächst die *dreimonatige Antragsfrist* zu berechnen: Die Frist beginnt mit Zugang des Anerkennungsbescheides (nicht erst mit der Ausstellung des blauen Passes oder der Erteilung der Aufenthaltserlaubnis!). Bei Zugang mit Zustellungsurkunde gilt das auf dem gelben Umschlag vermerkte Datum als Zugangsdatum. Bei Zustellung (an Anwälte) durch Übergabeeinschreiben gilt der Bescheid am dritten Tag nach der Aufgabe zur Post als zugestellt, auch wenn er tatsächlich früher zugegangen ist. Geht er später ein, gilt das spätere Datum. Fehlt der Umschlag, ergibt sich das Zugangsdatum auch aus der Bestandskraftmitteilung.

Dann sind die *korrekten Personalien,* das heißt die Schreibweisen aller Angehörigen zu klären, die nachziehen sollen. Sie sind mit der BAMF-Akte und dem Interview abzugleichen, Abweichungen sind zu klären. Außerdem sind verschollene und bei bestehender Schwangerschaft ungeborene Familienangehörige vorsorglich fristwahrend einzubeziehen. Die *fristwahrende Anzeige* erfolgt über das Portal des Auswärtigen Amtes, als formloser Antrag bei der Ausländerbehörde oder per Fax bei der zuständigen Botschaft.

Praxishinweis zur fristwahrenden Anzeige

Wird ein formloser Antrag bei der Botschaft gestellt, setzt die Botschaft in der Regel eine Frist für die persönliche Vorsprache (meistens sechs Monate), diese Frist muss dann alle sechs Monate rechtzeitig verlängert werden. Es ist bereits deshalb von Vorteil die fristwahrende Antragstellung über das Portal des Auswärtigen Amtes oder die Ausländerbehörde vorzunehmen (https://familyreunion-syria.diplo.de/webportal/desktop/index.

html#fzsyr). Das Portal wurde ursprünglich für Nachzugs-verfahren von syrischen Staatsangehörigen konzipiert. Es kann derzeit aber für alle Familiennachzugsverfahren, das heißt unabhängig von der Staatsangehörigkeit der betroffenen Personen genutzt werden. Wurden die Daten in die Maske des Portals eingegeben, bekommt man ein Pdf-Dokument angezeigt. Dieses Dokument muss unbe-dingt ausgedruckt und an einem sicheren Ort gespeichert werden. Es kann nicht erneut angefordert werden und dient bei der persönlichen Vorsprache in der Botschaft als Nachweis der Fristwahrung.

Praxishinweis zur Versäumung der »Dreimonatsfrist«

Bei verspäteter Antragstellung oder bestehender Mög-lichkeit der familiären Gemeinschaft im Drittland (§ 29 Abs. 2 S. 1) unterliegen die Befreiungen bezüglich Unter-halt und Wohnraum dem pflichtgemäßen Ermessen. Das Ermessen wird durch Art. 6 GG reduziert, wenn die fami-liäre Gemeinschaft nur in der BRD hergestellt werden kann und der Stammberechtigte sich um Arbeit und Wohnung BEMÜHT HAT (29.2.2.1 AVV-AufentG). Wurde die Antragsfrist aus nicht selbst zu vertretenden Grün-den versäumt, führt auch das zur Ermessensreduzierung und zur Anwendung der Privilegierung. Sind Unterhalt gesichert und Wohnraum vorhanden, besteht Nachzugs-anspruch auch dann, wenn die familiäre Gemeinschaft in einem Drittland möglich wäre.

Fallbeispiel zur Versäumung der »Dreimonatsfrist«

Frau A. aus Somalia wurde die Flüchtlingseigenschaft zuerkannt. Sie verfügt über eine Aufenthaltserlaubnis gemäß § 25 Abs. 2 S. 1 Alt. 1 AufenthG. Leider hat sie es versäumt, den formlosen Visumsantrag innerhalb der Dreimonatsfrist zu stellen. Sie kommt in die Beratung. Sie möchte ihren Ehemann und fünf Kinder aus Somalia nachziehen lassen. Für den Familiennachzug gilt – aufgrund der abgelaufenen Dreimonatsfrist – zwar nicht mehr die volle Privilegierung, aber der Familiennachzug ist trotzdem unter vereinfachten Voraussetzungen möglich. Die familiäre Lebensgemeinschaft kann bereits aufgrund der Flüchtlingsanerkennung von Frau A. nicht in Somalia gelebt werden (Gleiches gilt, wenn die Familie in einem anderen Land lebt, dort jedoch nicht über ein Aufenthaltsrecht verfügt, das zur Familienzusammenführung in das dortige Land berechtigt). Frau A. sollte sich um Wohnraum und Arbeit bemühen. Ihre Bemühungen sollte sie dokumentieren. Zum Beispiel kann ein Schreiben für sie aufgesetzt werden, dass sie sich bei jeder Wohnungsbesichtigung abzeichnen lässt. Ferner sollte sie sich bewerben und alle Bewerbungen und Absagen aufbewahren. Es würde auch ausreichen, wenn sie zunächst einen Minijob findet. Denn auch damit ist nachgewiesen, dass sie sich um Arbeit bemüht hat. Auch die Teilnahme an einem Integrationskurs ist eine solche Bemühung. Die vollständige Lebensunterhaltssicherung ist in diesem Fall keine Erteilungsvoraussetzung.

ACHTUNG: Hätte die Ehe zum Zeitpunkt, als Frau A. ihren Lebensmittelpunkt in die BRD verlegt hat, noch nicht bestanden, sondern wäre erst zu einem späteren Zeitpunkt geschlossen worden, müsste sie ihren Ehemann zudem darauf vorbereiten, dass er einfache Sprachkenntnisse in Form eines A1-Zertifikats nachweisen muss. Dieses kann beim Goethe-Institut oder bei einer anderen zertifizierten Stelle erlangt werden.

Welche Botschaft ist für das Verfahren zuständig?
Grundsätzlich ist die Botschaft im Herkunftsland zuständig. Da nicht in jedem Herkunftsland eine Botschaft existiert oder dort eventuell lediglich Schengen-Visa bearbeitet werden, legt das Auswärtige Amt für bestimmte Staatsangehörige die Zuständigkeit anderer Botschaften fest (Somalis: Nairobi; Syrer: Ankara, Amman, Beirut und andere; Iraker: Ankara, Beirut, Djidda, Erbil, Istanbul, Izmir, Kuwait, Riad und Teheran). Soll ein Antrag bei einer Botschaft gestellt werden, für die keine Zuständigkeitsregelung vorliegt, kann eine Antragstellung dort nur erfolgen, wenn ein »gewöhnlicher Aufenthalt in dem Land, in dem die Botschaft sitzt«, nachgewiesen werden kann.

Fallbeispiel

Die eritreische Familie T. möchte zu ihrem Ehemann bzw. Vater in die BRD einreisen. Sie haben weder in Nairobi noch in Addis Abeba und Khartoum eine Unterkunftsmöglichkeit. In Kampala (Uganda) leben Verwandte, bei denen sie für die Dauer des Visumverfahrens leben können. Die Familie möchte das Visumverfahren deshalb bei der Deutschen Botschaft in Kampala betreiben. Wie kann sie ihren gewöhnlichen Aufenthalt in Kampala nachweisen? Aktuell finden Sie auf vielen Internetseiten der Botschaften den Hinweis, dass eine Antragstellung/Terminbuchung für Personen, für die die Botschaft nicht originär zuständig ist, erst nach dem Nachweis eines Aufenthalts von sechs Monaten erfolgen kann. Dies trifft nicht zu. Maßgeblich für das Vorliegen eines gewöhnlichen Aufenthalts ist (§ 3 Abs. 1 S. 1 VwVfG), dass erkennbar ist, dass der Aufenthalt nicht nur vorübergehend ist. Davon ist auszugehen, wenn sich der/die Betroffene bereits seit sechs Monaten an dem betreffenden Ort aufhält *oder* bei Beginn seines/ihres Aufenthalts an diesem Ort die voraussichtliche Dauer des Aufenthalts mindestens sechs Monate betragen wird. In der Regel ist deshalb von einem gewöhnlichen Aufenthalt auszugehen, wenn der/die Betroffene in dem jeweiligen Land entweder vom UNHCR oder der jeweiligen Flüchtlingsbehörde als Flüchtling registriert wurde und über eine entsprechende Bescheinigung verfügt. Obwohl das Auswärtige Amt in seinem im Oktober 2017 veröffentlichten Visumhandbuch[11] genau dies ausführt, ist die Praxis aktuell äußerst restriktiv. Personen – auch mit Registrierung – werden bei der Antragstellung abgewiesen und darauf verwiesen, dass sie erneut nach Ablauf der sechs Monate vorzusprechen haben. Im Fall der Familie T. sollte man die Familie auffordern, sich unmittelbar nach ihrer Einreise nach Uganda als Flüchtlinge registrieren zu lassen. Zudem sollte man dringend auf die beschriebene Visapraxis hinweisen. Entscheidet sich die Familie T., nach Uganda zu reisen, und sollte es gelingen, bei der Botschaft vor Ablauf der sechs Monate einen Vorsprachetermin zu buchen, sollte man vorab Kontakt zur Fachaufsicht des Auswärtigen Amtes aufnehmen. Das Ziel ist hierbei, eine Zusicherung zu erhalten, dass die Anträge bei der Vorsprache entgegengenommen werden. Diesbezüglich noch ein Hinweis: Anstelle der Flüchtlingsregistrierung ist auch ein Aufenthaltstitel des Landes, in dem die Botschaft ihren Amtssitz hat, ausreichend, wenn dieser eine Gültigkeitsdauer von mindestens sechs Monaten aufweist. Visa, auch wenn diese immer wieder verlängert werden, reichen in der Regel nicht aus!

Welche Unterlagen werden benötigt?
Aktuelle Merkblätter und Antragsformulare können bei der zuständigen Botschaft von deren Webseite heruntergeladen werden (bei fristgemäßer Anmeldung ist das vereinfachte

---

11 Siehe https://www.auswaertiges-amt.de/cae/servlet/contentblob/
733442/publicationFile/216369/Visumhandbuch.pdf

Formular für syrische Antragsteller zu verwenden). In der
Regel werden folgende Unterlagen benötigt: Kopien vom
Pass, Personenstandsurkunden (falls vorhanden), Flücht-
lingsregistrierungen, Aufenthaltserlaubnisse (Drittland)
etc. Die erforderlichen Unterlagen sind als gescannte
Dateien von den nachziehenden Angehörigen an den hier-
lebenden Familienangehörigen oder seinen Unterstützer/
seine Unterstützerin zu übersenden. Je nach Anforderung
der Botschaft sind dann zwei oder drei Antragsformulare
sowie die erforderlichen Dokumente im Original, nebst
zwei oder drei Kopien für jeden Antragsteller/jede Antragstellerin gesondert zusammenzustellen. Die Antragsformulare müssen jeweils Originalunterschriften auf-
weisen. Beim Nachzug minderjähriger Kinder sollten
die Antragsformulare auch vom hier lebenden Elternteil unterschrieben werden. Die vorbereiteten Unterlagen
können dann mit präzisen Hinweisen, welche Unterlagen
noch beigefügt (Fotos, Originaldokumente, Visagebüh-
ren) und unterschrieben werden müssen, an den hier lebenden Familienangehörigen übergeben werden. Dieser
muss die Unterlagen, nachdem er sie gegebenenfalls unterschrieben hat, beispielsweise mit z. B. DHL (unbedingt mit
Sendungsverfolgung) rechtzeitig an die nachziehenden
Angehörigen senden.

Personenstandsurkunden müssen eventuell vor der Vorsprache oder im Rahmen der Vorsprache legalisiert oder
überprüft werden. Die Legalisation ist die Bestätigung
der Echtheit einer ausländischen Urkunde durch den
Konsularbeamten der Botschaft.

Praxishinweis zur Legalisation von Urkunden und Urkundenüberprüfungen

Ob bzw. welche Urkunden zu legalisieren sind, kann den Homepages der Botschaften entnommen werden. Üblicherweise fordern die Botschaften, dass die Legaisierung vor Einreichung der Visumanträge erfolgt. Die deutschen Botschaften in Nairobi und Addis Abeba legalisieren keine somalischen oder eritreischen Urkunden, sondern nehmen, wenn möglich, Überprüfungen vor. Die Urkundenüberprüfung wird im Auftrag der Botschaft von einer Vertrauensperson im Ausstellungsland (meist einem Anwalt) vorgenommen. Für die Überprüfungen werden Gebühren zwischen ca. 300 und 700 Euro in Landeswährung von den Botschaften verlangt. Die Überprüfung dauert in der Regel sechs Monate, wenn nicht sogar länger.

Welche Dokumente sind für die Einreise erforderlich?
Für die Einreise in die BRD ist ein gültiges Passdokument (bei Visumserteilung noch mindestens sechs Monate gültig) erforderlich. Ist der Pass der betroffenen Person in der BRD nicht anerkannt (z. B. somalische Pässe), muss sie von der Passpflicht befreit werden. Verfügt sie aus anderen Gründen nicht über einen Pass und kann dieser aus nachvollziehbaren und überzeugenden Gründen (nur in Ausnahmefällen möglich) nicht beschafft werden, ist die Ausstellung eines Reiseausweises bei der Botschaft und/oder die Befreiung von der Passpflicht zu beantragen. Dabei gilt es, *Folgendes zu beachten:* Die Vorlage gültiger Pässe kann auch dann erforderlich sein, wenn sie in Deutschland nicht anerkannt werden (z. B. Somalia).

Praxishinweis zur Befreiung von der Passpflicht

Der Antrag auf Ausnahme von der Passpflicht kann bereits mit Einreichung der Visumunterlagen bei der Botschaft erfolgen. Für die Ausnahme von der Passpflicht kann ein Formular auf der Seite der Botschaft heruntergeladen werden, welches dann unterschrieben bei der Vorsprache eingereicht wird. Es ist jedoch auch möglich, dass im Antragsformular bei den Angaben zum Pass, eingetragen wird: »Die Befreiung von der Passpflicht wird beantragt.« Zuständig für die Befreiung von der Passpflicht ist das BAMF. Der Antrag auf Befreiung von der Passpflicht wird erst dann seitens der Botschaft an das BAMF weitergeleitet, wenn feststeht, dass die Visa erteilt werden. Das Verfahren dauert in der Regel etwa zwei Monate.

Wie kommt man an einen Vorsprachetermin?
Sind alle Unterlagen vorbereitet, muss ein Vorsprachetermin gebucht werden. Mittlerweile verfügen fast alle Botschaften über ein Onlineterminvergabesystem. Einige Botschaften arbeiten mit der Firma iDATA zusammen, über die die Terminbuchung telefonisch oder online zu erfolgen hat.

Praxishinweise zum Erhalt eines Vorsprachetermins

Der Erhalt eines Vorsprachetermins ist aktuell bei den meisten Botschaften kaum möglich bzw. mit Wartezeiten bis zu 18 Monaten verbunden.

Bei der Onlineterminvergabe der Botschaften werden regelmäßig neue Termine freigeschaltet, die nach wenigen Sekunden ausgebucht sind. Die Onlinesysteme sehen die Buchung von Terminen in verschiedenen Kategorien vor (Schengen-Visa, Nachzug zu Deutschen, Nachzug zu ausländischen Personen, Nachzug zu Flüchtlingen). Es ist zwingend notwendig, dass ein Termin in der richtigen Kategorie gebucht wird. Der Termin wird sonst bereits im Vorfeld von der Botschaft gelöscht oder Personen, die die falsche Kategorie gebucht haben, werden noch an der Pforte der Botschaft abgewiesen. Für die Buchung eines Termins wird eine Passkopie der nachziehenden Person benötigt, denn es sind die Personendaten sowie die Passnummer anzugeben.

Bei der Buchung über iDATA (den jeweiligen Link finden Sie auf der Homepage der zuständigen Botschaft) wird zusätzlich zu den Passdaten der nachziehenden Person eine Kreditkarte benötigt, mit der die Buchungsgebühren (aktuell 9 Dollar pro Termin) bezahlt werden können. Unter Umständen kann die Bezahlung der Buchungsgebühren auch durch Vorabüberweisung erfolgen. Hier kommt es aber regelmäßig zu Problemen bei der Zuordnung der Zahlungen.

Sondertermine werden nur sehr restriktiv vergeben. Für Elternnachzugsverfahren, in denen die Volljährigkeit des hier lebenden Kindes in den nächsten zwölf Monaten eintritt, stehen mittlerweile bei vielen Botschaften gesonderte E-Mail-Adressen (finden Sie auf der Homepage der Botschaft) zur Verfügung, über die um einen zeitnahen Termin gebeten werden kann. Steht keine gesonderte E-Mail-Adresse zur Verfügung, kann die allgemeine E-Mail-Adresse der Visaabteilung genutzt werden. Wer von dort keine Rückmeldung erhält, sollte sich direkt an das Auswärtige Amt wenden.

Ist es gelungen einen Vorsprachetermin zu buchen, muss in Erfahrung gebracht werden, ob die Botschaft verlangt, dass die Betroffenen (wenn sie nicht selbst ausreichend Englisch oder Deutsch sprechen) zu ihrem Termin einen

Dolmetscher/eine Dolmetscherin mitbringen müssen. Zum Vorsprachetermin sind zudem die ausgedruckte Terminbestätigung, der Nachweis über Wahrung der Dreimonatsfrist, die vorbereiteten Unterlagen nebst Originalen, biometrische Passbilder, gegebenenfalls die ausgedruckte Vorkorrespondenz mit der Botschaft oder der Ausländerbehörde sowie die Visumgebühren (75 Euro für Erwachsene, 37,50 Euro für Kinder) mitzunehmen. ACHTUNG: Die Visumgebühren werden meistens bar in der jeweiligen Landeswährung verlangt.

Was ist im Falle eines Scheiterns des Vorsprachetermins zu tun?

Wenn die Vorsprache scheitert bzw. die Antragsentgegennahme verweigert wird, hat dies in der Regel folgende Gründe: fehlende Unterlagen; die Botschaft hält sich für nicht zuständig; der Antragsteller/die Antragstellerin hat die Visumgebühr nicht oder nicht in der richtigen Währung dabei. In diesen Fällen sollte Kontakt mit der Visastelle aufgenommen werden, um zum Beispiel das Fehlen bestimmter Urkunden zu erklären oder die Zuständigkeit der Botschaft zu klären. Unter Umständen muss bereits hier das Auswärtige Amt mit eingeschaltet werden. Sind die offenen Fragen geklärt, sollte man die Botschaft oder das Auswärtige Amt bitten, einen neuen Termin mitzuteilen bzw. zumindest zu bestätigen, dass der Antrag bei nächster Vorsprache entgegengenommen wird. Dann kann man einen neuen Termin buchen.

5.5.2 Das Zustimmungsverfahren bei der Ausländerbehörde

Wurden die Antragsunterlagen entgegengenommen, sollte man nach circa zwei Wochen bei der zuständigen Ausländerbehörde nachfragen, ob die Zustimmungsanfrage vorliegt und welche Unterlagen noch einzureichen sind. Liegt die Zustimmungsanfrage dort nach circa vier Wochen immer noch nicht vor, sollte man die Botschaft an die Abgabe erinnern, so oft, bis der Vorgang der Ausländerbehörde vorliegt.

Liegt der Vorgang bei der Ausländerbehörde vor, kann erfragt werden, welche Unterlagen noch vorzulegen sind. Die genaue Prüfung des Vorgangs wird von der Ausländerbehörde vorgenommen, das heißt, auch Härtefälle sind primär mit der Ausländerbehörde zu erörtern.

Die Ausländerbehörde überprüft das Vorliegen einer wirksamen Ehe bzw. die Abstammungsverhältnisse und im Falle eines nicht privilegierten Familiennachzugs das Vorliegen der allgemeinen Erteilungsvoraussetzungen (Lebensunterhaltssicherung, Wohnraum, Sprachnachweis).

5.5.2.1 Wie kann das Vorliegen einer rechtmäßigen Ehe nachgewiesen werden?

Das Vorliegen einer wirksamen Ehe wird in der Regel durch Vorlage einer Heiratsurkunde nachgewiesen. Nicht alle Heiratsurkunden werden jedoch seitens der beteiligten Behörden akzeptiert (so sind z.B. somalische Urkunden nicht überprüfbar, weshalb häufig zusätzliche Nachweise benötigt werden). Für Länder, deren Urkunden überprüfbar und anerkannt sind, gilt, dass nachweisbar mit allen Mitteln versucht werden muss, eine Heiratsurkunde zu erhalten. Bei anerkannten Flüchtlingen und Asylberechtigten kann die Botschaft den Antrag jedoch nicht allein aufgrund fehlender Urkunden ablehnen.

Praxishinweis zu Problemen, die bei eritreischen Eheschließungen bestehen können

Eritreische Eheschließungen, die nicht amtlich registriert wurden, werden von den Botschaften nicht mehr als ausreichend angesehen. Die Betroffenen sollten sich deshalb so früh wie möglich um eine ordnungsgemäße Registrierung bemühen. Es reicht aktuell nicht aus, anzugeben, eine Registrierung sei nicht möglich. Ist dies der Fall, müssen zumindest alle Bemühungen bezüglich der Registrierung dokumentiert und wenn möglich nachgewiesen werden.

Praxishinweis zur Minderjährigenehe

Mit Inkrafttreten des Gesetzes zur Bekämpfung von Kinderehen am 22. Juli 2017 wurde der Ehegattennachzug erheblich eingeschränkt. Aufgrund der Aufnahme des Art. 13 Abs. 3 in das Einführungsgesetz zum Bürgerlichen Gesetzbuch (EGBGB) sind im Ausland wirksam geschlossene Ehen gemäß Art. 13 Abs. 3 Nr. 1 EGBGB nach deutschem Recht – von Gesetzes wegen – unwirksam, wenn ein Ehepartner zum Zeitpunkt der Eheschließung das 16. Lebensjahr noch nicht vollendet hatte. Gemäß Art. 13 Abs. 3 Nr. 2 EGBGB sind Ehen, die nach Vollendung des 16. Lebensjahres eines oder beider Ehepartner, jedoch vor Eintritt der Volljährigkeit geschlossen worden sind, wirksam, aber aufhebbar.

Für Ehen, die in der Vergangenheit geschlossen wurden, sieht § 44 im Anhang von Art. 229 EGBGB folgende Übergangsregelungen vor:
1. Bezüglich der Unwirksamkeit (unter 16-Jährige) ausländischer Ehen gemäß Art. 13 Abs. 3 Nr. 1 EGBGB gilt:

- Die Unwirksamkeitsregelung gilt nur, wenn der minderjährige Ehepartner / die minderjährige Ehepartnerin nach dem 22. Juli 1999 geboren ist. Das heißt, er / sie war zum Zeitpunkt der Eheschließung zwar noch minderjährig, zum Zeitpunkt des Inkrafttretens der Neuregelung jedoch bereits volljährig.
- Ebenfalls nicht von der Unwirksamkeitsregelung betroffen sind Ehen, die nach ausländischem Recht wirksam geschlossen wurden und bis zur Volljährigkeit geführt wurden, wenn bis dahin kein Ehegatte seinen gewöhnlichen Aufenthalt in Deutschland hatte.

2. Bezüglich der Aufhebbarkeit (16- bis 17-Jährige) ausländischer Ehen nach Art. 13 Abs. 3 Nr. 2 EGBGB gilt folgende Übergangsregelung:
   - Wurde die Ehe vor Inkrafttreten des Gesetzes zur Bekämpfung von Kinderehen geschlossen oder wurden die Ehepartner für die Eheschließung nach deutschem Recht (bis zum 22. Juli 2017) vom Erfordernis der Ehemündigkeit befreit, gilt das alte Recht und die neuen Aufhebungsvorschriften sind nicht anwendbar.

3. Für die Aufhebung von Ehen, die nicht (mehr) von der Übergangsregelung erfasst sind, gilt § 1315 Abs. 1 BGB. Die Aufhebung der Ehe erfolgt auf Antrag durch richterlichen Beschluss. Gemäß § 1315 Abs. 1 BGB ist die Aufhebung der Ehe aber ausgeschlossen:
   - wenn der minderjährige Ehegatte, nachdem er volljährig geworden ist, zu erkennen gegeben hat, dass er die Ehe fortsetzen will (Bestätigung);
   - wenn aufgrund außergewöhnlicher Umstände die Aufhebung der Ehe eine so schwere Härte für den minderjährigen Ehegatten darstellen würde, dass die Aufrechterhaltung der Ehe ausnahmsweise geboten erscheint. Die Gesetzesbegründung nennt

hier beispielhaft eine lebensbedrohliche Erkrankung eines Ehegatten sowie eine mögliche Suizidalität eines Ehepartners.

Im Falle einer nach dem Gesetz unwirksamen Ehe, ist
der Ehegeattennachzug ausgeschlossen. Im Falle einer
wirksamen, aber aufhebbaren Ehe ist die künftige Praxis
unklar. Es ist jedenfalls nicht Sache der Deutschen Botschaft oder der Ausländerbehörde, die Aufhebbarkeit
im Vorgriff zu beurteilen. Wie die Gerichte mit den Neuregelungen und den Ausnahmetatbeständen umgehen
werden und ob ein solches Verfahren im Rahmen von
Familiennachzugsverfahren inzident geführt wird, bleibt
abzuwarten.
    Dass die Neuregelungen tatsächlich ein wirksames
Mittel gegen die Praxis der Minderjährigenehen im Ausland sein werden, ist kaum denkbar. Denn allein aufgrund der Tatsache, dass Minderjährigenehen in der
BRD nicht mehr anerkannt werden, wird sich kaum
eine kulturelle, rechtliche oder auch nur gewohnheits-
rechtliche Praxis im Ausland verändern lassen. Tatsächlich bekämpft das Gesetz nicht die Minderjährigenehe,
sondern vor allem die minderjährigen Ehepartner. Die
Situation der Betroffenen wird durch den Wegfall ihrer
Rechte als Ehegatte unter Umständen noch deutlich
prekärer. So sind unter anderem die Folgen für den
Familiennachzug drastisch und für die Rechte und den
Schutz der betroffenen Minderjährigen (wohl in der
Regel Mädchen) und ihre Familien verheerend. Ist die
Ehe aufgrund der Neuregelungen unwirksam oder auf-
zuheben, ist ein Ehegattennachzug ausgeschlossen bzw.
deutlich erschwert. Minderjährigenehen werden durch
das Gesetz mit Zwangsehen gleichgesetzt, ohne dass
das Gesetz eine notwendige, dem Einzelfall gerecht wer-
dende Differenzierung zulässt. Es stellt sich zudem die

dringende Frage, wie sich die Situation der tatsächlich von Zwangsehen Betroffenen überhaupt verbessern soll, wenn sie zurückbleiben? Für die Kinder aus Minderjährigenehen bedeutet der Ausschluss des Ehegattennachzugs, dass sie entweder ohne ein Elternteil in die BRD einreisen oder ohne den in der BRD lebenden Elternteil zurückbleiben müssen. Vor diesem Hintergrund wird deutlich, dass das Gesetz an seinem eigentlichen Sinn und Zweck, nämlich dem Minderjährigenschutz, vorbeigeht.

Was ist zu tun, wenn keine Urkunden zur Verfügung stehen? Beim Nachzug zu Asylberechtigten oder Flüchtlingen ist stets auf Art. 11 der FZF-RL zu verweisen, der besagt: »Kann ein Flüchtling seine familiären Bindungen nicht mit amtlichen Unterlagen belegen, so prüft der Mitgliedstaat andere Nachweise für das Bestehen dieser Bindungen; diese Nachweise werden nach dem nationalen Recht bewertet. Die Ablehnung eines Antrags darf nicht ausschließlich mit dem Fehlen von Belegen begründet werden.«

Geeignete Nachweise in diesem Sinne können sein:

- Eidesstattliche Versicherungen der Betroffenen: Eidesstattliche Versicherungen sollten möglichst ausführlich formuliert sein. Das heißt neben den Daten der Eheschließung, der Nennung des Geistlichen, der die Trauung vorgenommen (und ggf. registriert) hat, und der Trauzeugen, sollte beschrieben werden, wie sich das Paar kennengelernt hat, wie es zur Eheschließung kam, wie diese abgelaufen ist, wie die Festlichkeiten aussahen etc.
- Eidesstattliche Versicherungen von Zeugen: Eidesstattliche Versicherungen von Zeugen sollten ebenfalls ausführlich sein. Das heißt, sie sollten folgende Fragen be-

antworten können: Warum können sie das Vorliegen der Ehe bezeugen? Woher kennen sie das Paar? Waren sie bei der Eheschließung anwesend?

- Der Nachweis der gemeinsamen Elternschaft durch ein DNA-Gutachten (wird bei somalischen Staatsangehörigen immer verlangt, auch beim Kinder- oder Elternnachzug und reicht in der Regel zum Nachweis des Vorliegens einer Ehe aus).
- Eine Ehegattenanhörung: Bei einer Ehegattenanhörung werden beide Ehepartner zeitgleich von der Botschaft und der Ausländerbehörde befragt. z.B. dazu, wie die Ehegatten sich kennengelernt haben, wer den Heiratsantrag gemacht hat, wie die Eheschließung und die Festlichkeiten abliefen, wie die letzte gemeinsame Wohnung ausgesehen hat, welche gemeinsamen Interessen sie haben, wie sie sich ihre gemeinsame Zukunft vorstellen, ob sie wissen, wie und wo der andere lebt, was er arbeitet, ob er einen Führerschein hat, ob er Brillenträger ist, welche Augenfarbe er hat, welche Lieblingsspeise, welches Lieblingsgetränk, welche Hobbys, welche Haustiere etc.
- Fotos oder Videos von der Hochzeit, gemeinsamen Unternehmungen, Familienfeiern etc.

Praxishinweis zur eidesstatlichen Versicherung

Die Abgabe einer falschen eidesstattlichen Versicherung (eV) ist strafbar. Der Notar, der die eV abnimmt, belehrt die Betroffenen vor der Abgabe über die Strafbarkeit. Mit Unterzeichnung der eV schwören die Betroffenen, dass das Versicherte der Wahrheit entspricht, und machen sich strafbar, wenn dies nicht zutrifft. Aus diesem Grund können eVs als Mittel der Glaubhaftmachung herangezogen werden und sind im Rahmen der Glaubhaftmachung »mehr Wert« als einfache Erklärungen. Die eVs können

mit den Betroffenen vorformuliert werden. Der vorformu-
lierte Text kann dem Notar als Grundlage für die eV zur
Verfügung gestellt werden. Spricht der/die Betroffene
nicht gut Deutsch, muss ein Dolmetscher/eine Dolmetscherin hinzugezogen werden.

5.5.2.2 Nachweis der Abstammung und des Sorgerechts beim Kindernachzug

Nachweis der Abstammung

Der Nachweis der Abstammung kann durch Geburtsurkunden, Auszügen aus dem Familienregister oder über
ein DNA-Gutachten erfolgen.

Praxishinweis zum DNA-Gutachten

Wird die Vorlage eines DNA-Gutachtens verlangt, muss
der/die hier lebende Stammberechtigte ein DNA-Institut beauftragen. (Bei Somalis kann man sich bereits
unmittelbar nach der Vorsprache bei der Botschaft um
ein DNA-Gutachten bemühen, weil dieses immer angefordert wird). Die Preisunterschiede sind enorm, deshalb sollte man verschiedene Institute um Kostenvoran-
schläge bitten (die Preise liegen zwischen 278 Euro und
1000 Euro für Vater/Mutter/Kind). Nach der Auftrags-
erteilung schickt das DNA-Institut ein Probenahme-Kit
an den Hausarzt der hier lebenden Person. Die weiteren
Test-Kits werden an den ärztlichen Dienst der Botschaft
oder an einen Vertrauensarzt der Botschaft gesandt. Es
werden Speichelproben genommen, die dann an das
DNA-Institut zurückgesandt werden. Das Gutachten wird
an den Betroffenen/die Betroffene übersandt.

Personensorge

Reist ein Kind allein zu einem Elternteil ein, bedarf es
der schriftlichen Zustimmung des anderen Elternteils
oder einer mündlichen Erklärung bei der Botschaft. Ist
dies nicht möglich, zum Beispiel weil das Elternteil ver-
storben oder verschollen ist, und liegen keine Nachweise
bezüglich der alleinigen elterlichen Sorge des hier lebenden Elternteils vor, kann die *Personensorge* – wenn
möglich ebenfalls ausführlich – mit einer eidesstattlichen Versicherung glaubhaft gemacht werden. Für Asylberechtigte und Flüchtlinge führt das Visumhandbuch
aus: »Allerdings genügt es in Fällen des Kindernachzugs
zu Asylberechtigten und Flüchtlingen, dass der Asylberechtigte oder Flüchtling seine Personensorge glaubhaft macht, sofern ein förmlicher Nachweis nach § 32
Abs. 3 AufenthG n. F. nicht möglich oder zumutbar ist.
An die Glaubhaftmachung der Personensorge sind die
gleichen Anforderungen zu stellen, wie an die Glaubhaftmachung der Elternschaft, die bereits nach der vorherigen Rechtslage erforderlich war. Darüber hinaus er-
möglicht § 32 Abs. 4 AufenthG den Kindernachzug zu
Asylberechtigten und Flüchtlingen ggf. auch bei Fehlen
der Zustimmung des anderen Elternteils, wenn diese Zustimmung aufgrund der flüchtlingsspezifischen Situation
nicht möglich oder zumutbar ist, mithin eine besondere
Härte vorliegt.«[12]

Altersfeststellungsgutachten

In seltenen Fällen verlangt die Botschaft ein medizinisches
Altersfeststellungsgutachten. Die Beauftragung eines hierfür anerkannten Arztes oder Instituts in Deutschland hat

---

12 Siehe Visumhandbuch: https://www.auswaertiges-amt.de/cae/
     servlet/contentblob/733442/publicationFile/216369/Visumhand-
     buch.pdf, Seite 267.

ebenfalls durch den Betroffenen/die Betroffene zu erfolgen. Es gibt auch Vertrauensärzte der Botschaft, die beauftragt werden können.

Medizinische Altersfeststellungsgutachten sind ein umstrittenes Thema. Klar ist, dass kein Arzt feststellen kann, ob ein Kind 17 Jahre alt ist oder bereits volljährig. Auch ethische Gesichtspunkte spielen bei der Diskussion um Altersfeststellungsgutachten eine gewichtige Rolle.[13]

5.5.2.3 Außergewöhnliche Härte beim Nachzug von sonstigen Familienangehörigen

Für den Nachzug von Pflegekindern (oder auch volljährigen Kindern) muss gemäß § 36 Abs. 2 AufenthG eine außergewöhnliche Härte nachgewiesen werden. Hierfür können ebenfalls qualifizierte eidesstattliche Versicherungen zur besonderen Härte vorgelegt werden. Da die Ausländerbehörde auch eine Integrationsprognose erstellen muss, kann es helfen, Integrationsnachweise von schon hier lebenden Kindern vorzulegen bzw. Nachweise über einen guten Bildungsstand des Antragstellers/der Antragstellerin oder über bereits erworbene Deutschkenntnisse. Liegen Erkrankungen oder Behinderungen vor, sollten möglichst ausführliche ärztliche Atteste vorgelegt werden, in denen auch auf die besondere Abhängigkeit des Antragstellers/der Antragstellerin eingegangen wird. Da es in diesen Fällen immer auch auf die Lebensunterhaltssicherung und den Wohnraumnachweis ankommt, müssen Einkommensnachweise oder zumindest Belege

---

13 Zur Vertiefung hier ein Link zu einer gemeinsamen Stellungnahme der kinder- und jugendpsychiatrischen Fachgesellschaft und verschiedener Fachverbände: http://www.b-umf.de/images/2015_11_02_Methoden_Altersfeststellung.pdf, und ein Artikel aus dem Deutschen Ärzteblatt: http://www.b-umf.de/images/D%C3%84_020514_Strittiges_Artikel_-_strittige_Altersdiagnostik.pdf

für Bemühungen bei der Jobsuche, wie zum Beispiel Bewerbungen, Minijobs, Integrationskurs, Qualifizierungsmaßnahmen etc. vorgelegt werden. Ist noch kein ausreichender Wohnraum vorhanden, sollten Belege über eine intensive Wohnraumsuche vorgelegt werden.

Praxishinweis zu einer nicht urkundlich nachweisbaren Adoption

Gleiches wie bei Pflegekindern kann gelten, wenn eine wirksame Adoption nicht nachgewiesen werden kann – zum Beispiel beim Fehlen oder beim Verlust einer Adoptionsurkunde oder anderer Nachweise. Kann die Adoption nicht hinreichend glaubhaft gemacht werden, kommt neben § 32 AufenthG ein Nachzug auf Grundlage des § 36 Abs. 2 AufenthG in Betracht.

5.5.3 Zustimmung der Ausländerbehörde und Visumerteilung

Stimmt die Ausländerbehörde der Einreise zu, lehnt die Botschaft die Visumerteilung nur noch in absoluten Ausnahmefällen ab. Trifft die Zustimmung der Ausländerbehörde bei der Botschaft ein, erfolgt eine Vorladung der Antragsteller/-innen durch die Botschaft (hierfür muss sichergestellt sein, dass die Botschaft die Antragsteller/-innen *telefonisch* (!) sicher erreichen kann). Die Antragsteller/-innen müssen bei der Vorsprache ihren Pass abgeben, damit die Visa in den Pass geklebt werden können. In der Regel können sie die Pässe noch am gleichen oder am darauf folgenden Tag abholen. Sind die Antragsteller/-innen von der Passpflicht zu befreien, leitet die Botschaft das Verfahren über die Ausnahme von der Passpflicht ein. Sobald die Befreiung vorliegt, lädt sie die Antragsteller/-innen vor, die dann ein Blattvisum erhalten. Das heißt, das Visum ist auf einem gesonderten Blatt angebracht und nicht im Pass.

Die Antragsteller können jetzt Flüge buchen. ACHTUNG: In manchen Ländern ist ein Ausreisevisum erforderlich, welches vor der Ausreise besorgt werden muss.

Die Antragsteller/-innen können, insbesondere wenn Kinder alleine reisen, für die Organisation der Ausreise und der Flugbuchung die (kostenpflichtige) Hilfe von IOM in Anspruch nehmen.

Praxishinweis zu möglichen finanziellen Unterstützungen

Bei einigen kirchlichen Stellen und NGOs können Anträge auf Zuschüsse zu den DNA-Gutachten und/oder den Reisekosten gestellt werden. Über die Möglichkeiten dieser finanziellen Unterstützung sollten die Antragsteller/-innen sich frühzeitig informieren. Hierfür können sie sich zum Beispiel an die nächstgelegene Migrationsberatungsstelle zum Beispiel der Caritas, des Diakonischen Werkes, des Deutschen Roten Kreuzes oder des Flüchtlingsrats des jeweiligen Bundeslandes wenden.

5.5.4 Was ist zu tun, wenn die Erteilung der Visa abgelehnt wird?

Wird die Erteilung der Visa abgelehnt, werden die Antragsteller in die Botschaft gebeten. Dort werden ihnen die Ablehnungsbescheide ausgehändigt. Diese enthalten in der Regel (bitte immer überprüfen) keine Rechtsmittelbelehrung. Deshalb gilt die Jahresfrist des § 58 Abs. 2 VwGO. Ist eine Rechtsmittelbelehrung beigefügt, muss innerhalb eines Monats ab Bekanntgabe der Ablehnungs-

bescheide Klage (Verpflichtungsklage) beim Verwaltungsgericht Berlin erhoben werden.

Im Falle einer Ablehnung ohne Rechtsbehelfsbelehrung
besteht die Möglichkeit innerhalb der Jahresfrist zu klagen oder ein Remonstrationsverfahren einzuleiten. Das
Remonstrationsverfahren ist eine Art Widerspruchsver-
fahren. Wird das Remonstrationsverfahren abgelehnt,
ist innerhalb eines Monats nach Bekanntgabe des
Remonstrationsbescheids – der dann den ursprünglichen
Bescheid ersetzt – Klage einzureichen. ACHTUNG: Das
Remonstrationsverfahren hemmt die Klagefrist (Jahresfrist) nicht. Wird nicht innerhalb der Jahresfrist über die
Remonstration entschieden und wurde keine Klage ein-
gereicht, ist der Remonstrationsbescheid jedoch mit einer
Klagefrist von einem Monat angreifbar.

Praxishinweis zum Remonstrationsverfahren

Im Wege des Remonstrationsverfahrens kann den Argu-
menten aus dem Ablehnungsbescheid entgegengetre-
ten werden. Remonstrationsverfahren sollten sehr gut
vorbereitet sein, unter anderem weil Klageverfahren in
Visasachen für die Antragsteller/-innen sehr kostspielig
und langwierig sind. Wird die Ablehnung damit begründet, dass die Ausländerbehörde ihre Zustimmung versagt
hat, kann vor Einlegung der Remonstration der Kontakt
mit der Ausländerbehörde gesucht werden. Eventuell
kann man so erfahren, wie man »nachbessern« kann.
Dann ist zu überprüfen, ob eventuell weitere Zeugen/
Zeuginnen oder andere Nachweise vorhanden sind, mit
denen die Zweifel der Botschaft oder Ausländerbehörde
ausgeräumt werden können. Aufgrund der in der Regel
vorliegenden Jahresfrist bleibt ausreichend Zeit, alles
gut vorzubereiten.

5.5.5 Was ist nach der Einreise zu tun?

Nach der Einreise sollte Folgendes nicht versäumt werden:

– Sich bei der Meldestelle anmelden.

– Eine Aufenthaltserlaubnis bei der Ausländerbehörde beantragen, wobei zu beachten ist, dass Aufenthaltserlaubnisse gemäß §§ 30 und 32 AufenthG auch zu erteilen sind, wenn ein Asylantrag gestellt wird (§ 10 Abs. 1 AufenthG).

– Familienasyl/Flüchtlingsschutz gemäß § 26 AsylG beantragen, wobei zu beachten ist, dass die Antragsfrist für Ehegatten und Eltern unverzügliches Handeln notwendig macht (in der Regel zwei Wochen).

– Sozialrechtliches klären: Probleme mit dem Jobcenter, die Ablehnung von SGB II bis zur AE-Erteilung, die Kürzung des Mietanteils, die Streichung als Alleinerziehender/Alleinerziehende, die Kürzung des Regelsatzes bei AsylbLG des Partners.

– Mit dem Standesamt die Anerkennung von Ehe- und Personenstandsurkunden klären.

– Sich um die Familienkrankenversicherung kümmern.

5.6 Fazit

Familiennachzugsverfahren sind umfangreiche und lang-
wierige Verfahren, die viel Geduld, Ausdauer, Durch-
setzungskraft und ein hohes Maß an Organisationsver-
mögen bedürfen. Die Komplexität der Verfahren wirkt
zunächst abschreckend, aber wenn man sich Schritt für
Schritt durch die Verfahren »kämpft« und weiß, wie es
funktioniert, sind sie meist erfolgreich. Ich möchte Sie an
dieser Stelle ermutigen! Seien Sie hartnäckig, lassen Sie
sich nicht abwimmeln und halten Sie durch! Es lohnt sich.

6 Anhang

6.1 Abkürzungsverzeichnis

Abs.	Absatz
AE	Aufenthaltserlaubnis
Alt.	Alternative
Art.	Artikel
AsylbLG	Asylbewerberleistungsgesetz
AsylG	Asylgesetz
AufenthG	Aufenthaltsgesetz
AufenthV	Aufenthaltsverordnung
AVV-AufenthG	Allgemeine Verwaltungsvorschrift zum Aufenthaltsgesetz
BAG	Bundesagentur für Arbeit
BAMF	Bundesamt für Migration und Flüchtlinge
BeschV/BeschVO	Beschäftigungsverordnung
BRD	Bundesrepublik Deutschland
BÜMA	Bescheinigung über Meldung als Asylsuchender
BVerfG	Bundesverfassungsgericht
BVerwG	Bundesverwaltungsgericht
CH	Schweiz
Dublin-III-VO	Dublin-III-Verordnung
DublinV	Dublinverordnung
EAE	Erstaufnahmeeinrichtung
EASY	Quotensystem zur Erstverteilung von Asylsuchenden
EG	Europäische Gemeinschaft
EGBGB	Einführungsgesetz zum Bürgerlichen Gesetzbuch

EMRK	Europäische Menschenrechtskonvention
EU	Europäische Union
EU-GRC	Europäische Grundrechtscharta
Eurodac-System	European-Dactyloscopy-System; Datenbank zur europaweiten Erfassung von Fingerabdrücken
eV	eidesstattliche Versicherung
FZF-RL	Familienzusammenführungsrichtlinie
GG	Grundgesetz
GFK	Genfer Flüchtlingskonvention
GR	Griechenland
HKL	Herkunftsland
HU	Ungarn
IOM	International Organization for Migration
IS	Island
IT	Italien
Kat.	Kategorie
LI	Liechtenstein
MS	Mitgliedstaat
n. F	neue Fassung
NW	Norwegen
QRL	Qualifikationsrichtlinie (Richtlinie 2011/95/EU)
3. RiLiUmsG	Richtlinienumsetzungsgesetz 3
RL	Richtlinie
S.	Satz
SGB	Sozialgesetzbuch
U-Haft	Untersuchungshaft
UMF	Unbegleitete minderjährige Flüchtlinge
UNHCR	United Nations High Commissioner for Refugees; the UN Refugee Agency
UN-KRK	UN-Kinderrechtskonvention
VerfahrensRL	Verfahrensrichtlinie 2013/32/EU
VIS	Visainformationssystem
VO	Verordnung
VwGO	Verwaltungsgerichtsordnung
VwVfG	Verwaltungsverfahrensgesetz

6.2 Ablauf des Asylverfahrens – grafische Darstellung

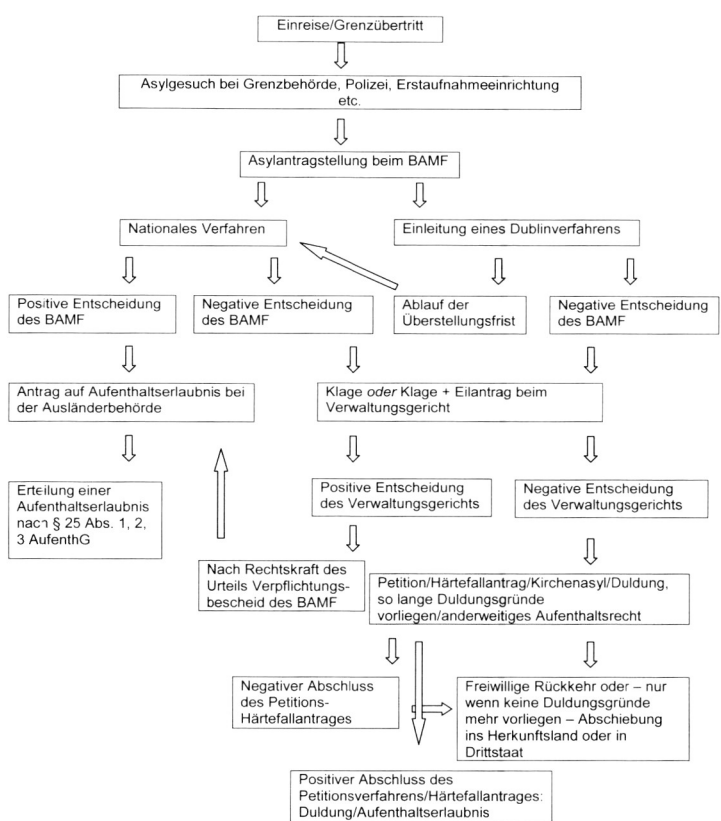

Abbildung 1: Ablauf des Asylverfahrens

EBENFALLS NEU IN DIESER REIHE

Silvia Schriefers | Elvira Hadzic
(Hg.)
**Sprachmittlung in
Psychotherapie und
Beratung mit geflüchteten
Menschen**
Wege zur transkulturellen
Verständigung

2018. 104 Seiten mit 4 Abb. und einer
Tab., Paperback
ISBN 978-3-525-45323-0

Dieser Leitfaden für die Praxis widmet sich den grundlegenden Facetten der Sprachmittlung in Beratung und Therapie mit Geflüchteten. Schwerpunkte liegen auf den Rahmenbedingungen der Beratung und Therapie mit Sprachmittlung, der Darstellung des Übersetzungsprozesses, Beziehungsdynamiken, Herausforderungen und auch Tabus, die sich aus der Konstellation mit Sprachmittlerinnen und Sprachmittlern ergeben können.

Der Band von Fachkräften für Fachkräfte gibt konkrete Arbeitshilfen an die Hand, schafft Orientierung und Handlungssicherheit für Praktizierende und geht vertiefend auf Aspekte wie beispielsweise Psychohygiene und sekundäre Traumatisierung ein.

Vandenhoeck & Ruprecht Verlage
www.vandenhoeck-ruprecht-verlage.com

EBENFALLS NEU IN DIESER REIHE

Alexandra Liedl
**Psychotherapeutische
Versorgung von geflüchteten
Menschen**
Konzepte und Methoden im
interkulturellen Setting

2018. 92 Seiten mit 2 Abb und 3 Tab. ,
Paperback
ISBN 978-3-525-45324-7

Alexandra Liedl beleuchtet zentrale Aspekte im interkulturellen psychotherapeutischen Setting. Dazu gehören der Umgang mit Postmigrationsstressoren, mit einem belastenden Alltag sowie der psychischen Symptomatik. Praxisnah und anhand zahlreicher Fallbeispiele beschreibt sie psychotherapeutische Methoden und Ansätze, die im interkulturellen Setting entwickelt und erfolgreich angewendet werden. Sie diskutiert Herausforderungen im interkulturellen psychotherapeutischen Setting wie die Arbeit mit Dolmetschern, Psychodiagnostik, die Rolle von sozialer Arbeit sowie den Umgang mit schwierigen Lebensbedingungen und kulturbedingten Missverständnissen.

 **Vandenhoeck & Ruprecht** Verlage
www.vandenhoeck-ruprecht-verlage.com